Lena Ullmann

# Wild & Green
# Loose Watercolor

**Bibliografische Information der Deutschen Nationalbibliothek**
Die Deutsche Nationalbibliothek verzeichnet diese Publikation in der Deutschen Nationalbibliografie.
Detaillierte bibliografische Daten sind im Internet über http://d-nb.de abrufbar.

**Für Fragen und Anregungen**
info@mvg-verlag.de

Originalausgabe
1. Auflage 2022

Türkenstraße 89
80799 München
Tel.: 089 651285-0
Fax: 089 652096



Redaktion: Franz Leipold
Umschlaggestaltung: Catharina Aydemir
Umschlagabbildung: Lena Ullmann
Layout und Satz: Müjde Puzziferri, MP Medien, München
Druck: Florjancic Tisk d.o.o., Slowenien
Printed in the EU

ISBN Print 978-3-7474-0400-3

Wir produzieren nachhaltig
www.m-vg.de

Weitere Informationen zum Verlag finden Sie unter
**www.mvg-verlag.de**
Beachten Sie auch unsere weiteren Verlage unter www.m-vg.de

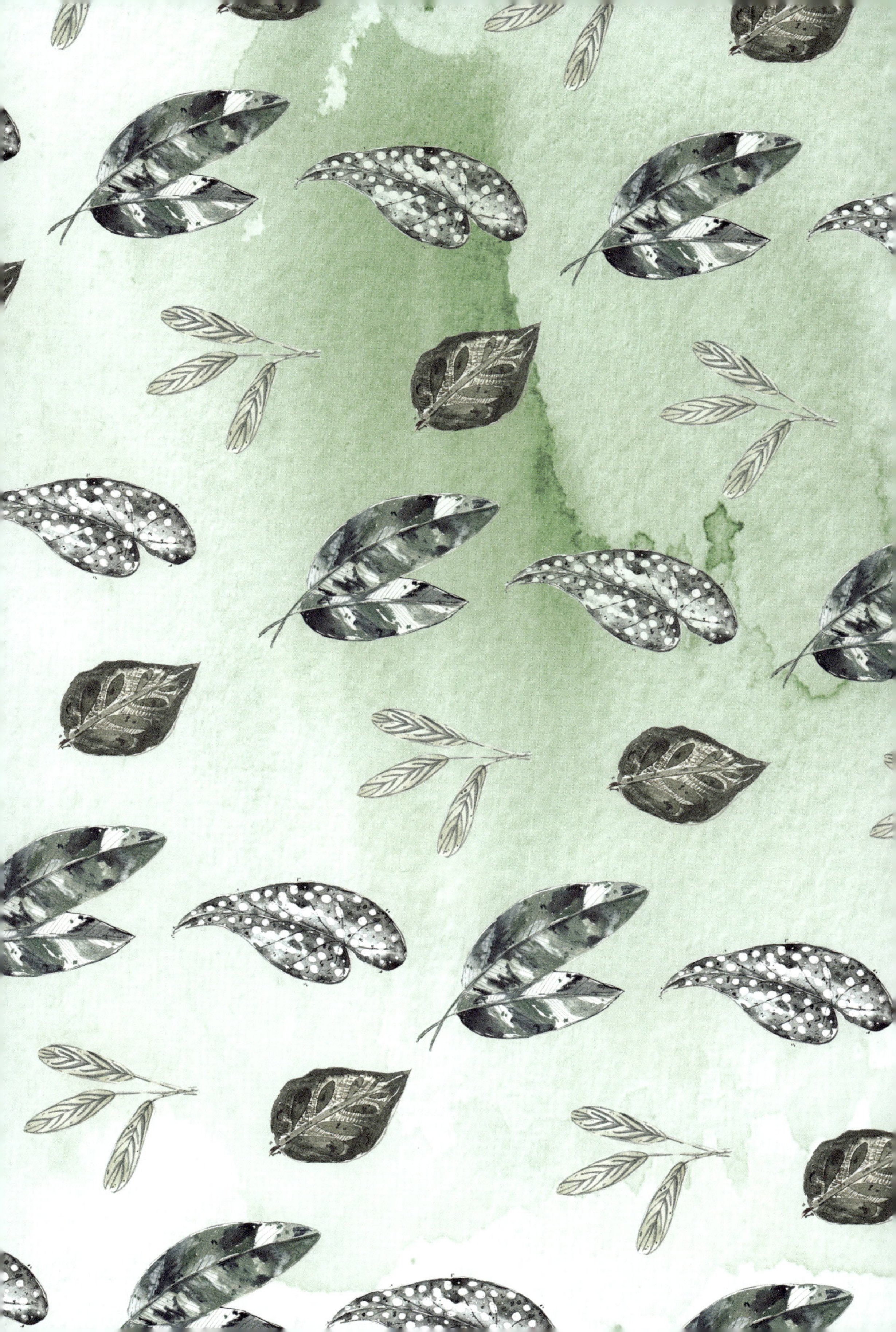

Lena Ullmann

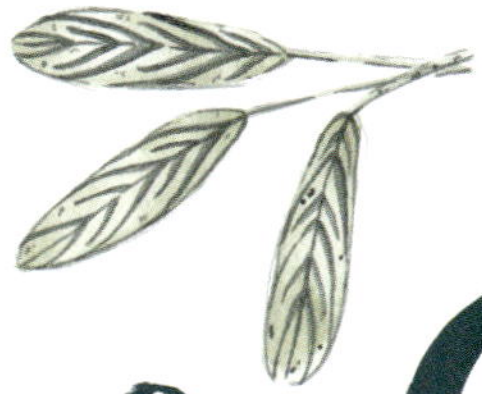

# Wild & Green Loose Watercolor

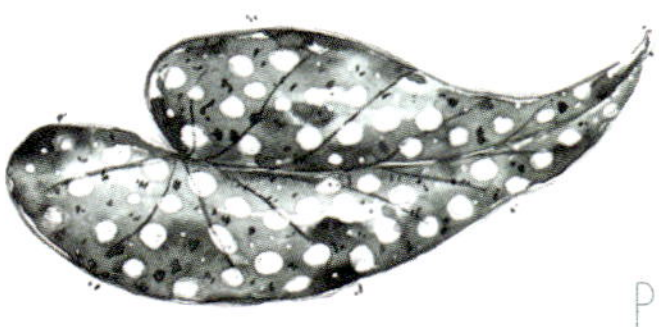

Pflanzen, Kakteen, Sukkulenten – in wenigen Pinselschritten zu deinem botanischen Aquarellmotiv

mvgverlag

# Inhalt

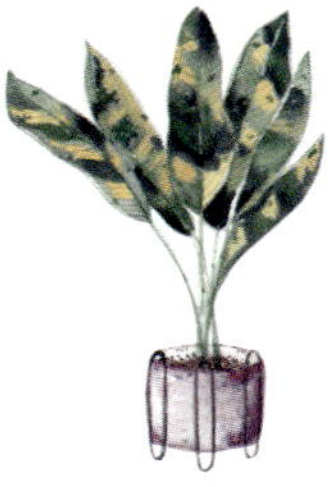

# Vorwort

Hallo, schön, dass du da bist und mich auf meiner »wild & green«-Kreativreise begleiten willst. Vielleicht hast du mein Geheimnis schon erraten: Ich bin verrückt nach Grünpflanzen. Dabei fing alles nach dem Studium mit einigen wenigen Kakteen und anderen Sukkulenten in meiner ersten Wohnung an. Ein Jahr später hatten wir unseren eigenen Urban Jungle zu Hause stehen. Zu meinen Sukkulenten gesellten sich nach und nach wunderschöne Pflanzen, darunter ein Ficus, die Monstera, Alocasia zebrina und viele mehr. Einige konnte ich leider nicht zufriedenstellen, und sie gingen mir nach einer Weile ein. So schnell ist die Geschichte aber noch nicht zu Ende. Denn ich habe dank Loose Watercolor einen Weg gefunden, wie die Pflanzen unsterblich werden, auch wenn man sie mal vergisst oder zu viel gießt.
Meine Kreativreise begann 2018, als ich versucht habe, meinen Alltag als Biotechnologin mithilfe eines Bullet Journals besser zu strukturieren. Das war schon sehr kreativ für mich, denn im Kunstunterricht in der Schule musste meine Mama mich bei vielen Bildern unterstützen. Das klingt nicht gerade nach dem Startschuss für eine große Künstler:innen-Karriere. Nachdem ich nun mein erstes kreatives Hobby entdeckt hatte, ließen auch andere Themen, wie das Lettering oder auch Loose Watercolor, nicht lange auf sich warten. Letzteres ist bis heute ein riesiges Herzensthema von mir.
Umso stolzer bin ich nun, dass du mein Buch in den Händen hältst, das meine beiden Herzensthemen vereint und mein gesammeltes Know-how über Loose Watercolor beinhaltet. Ohne Grünpflanzen wäre meine Wohnung nur halb so schön und ohne eine kleine Pinselyoga-Einheit geht es meinem Alltag mindestens genauso. Dabei bedeutet mir dieses wahnsinnig tolle Projekt sehr viel, denn noch vor einigen Jahren hätte ich niemals gedacht, dass so etwas möglich ist. Ich hoffe daher sehr, dass ich dich mit meiner Liebe für Grünpflanzen und die Aquarellmalerei anstecken kann.
Insgesamt 21 Projektideen aus fünf verschiedenen Themenbereichen warten in diesem Buch darauf, von dir entdeckt zu werden. Sie sollen dir eine Anleitung an die Hand geben, aber es bleibt gleichzeitig genug Raum für deine eigene Kreativität. Frei nach dem Motto: »Alles kann – nichts muss!« Dabei lernst du nicht nur, wie man einzelne Grünpflanzen malt, sondern ich habe sie auch in Interior- und urbane Szenen integriert. Als kleines Highlight gibt es zusätzlich einen kleinen Gouache-Exkurs,

denn auch dieses Thema bewegt mich seit einiger Zeit sehr. Dazu brauchst du dein Basismaterial bis auf die Farben nicht zu erweitern und kannst trotzdem wunderbare und ganz andere Effekte als mit dem Loose Watercolor erzielen.

Nun würde ich sagen: »An die Pinsel – fertig – los!« Ganz viel Spaß wünsche ich dir bei deiner eigenen Loose Watercolor »wild & green«-Reise.

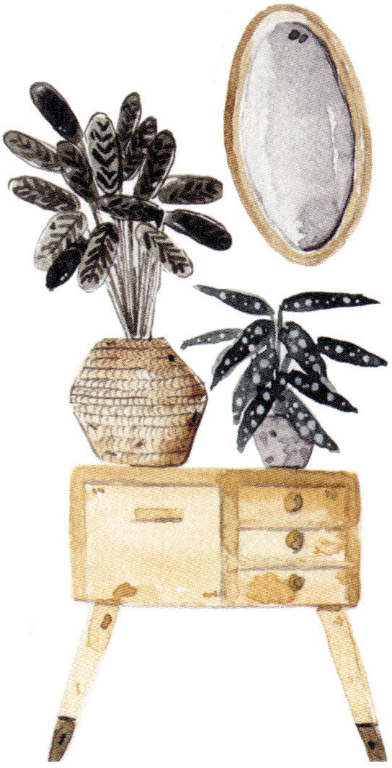

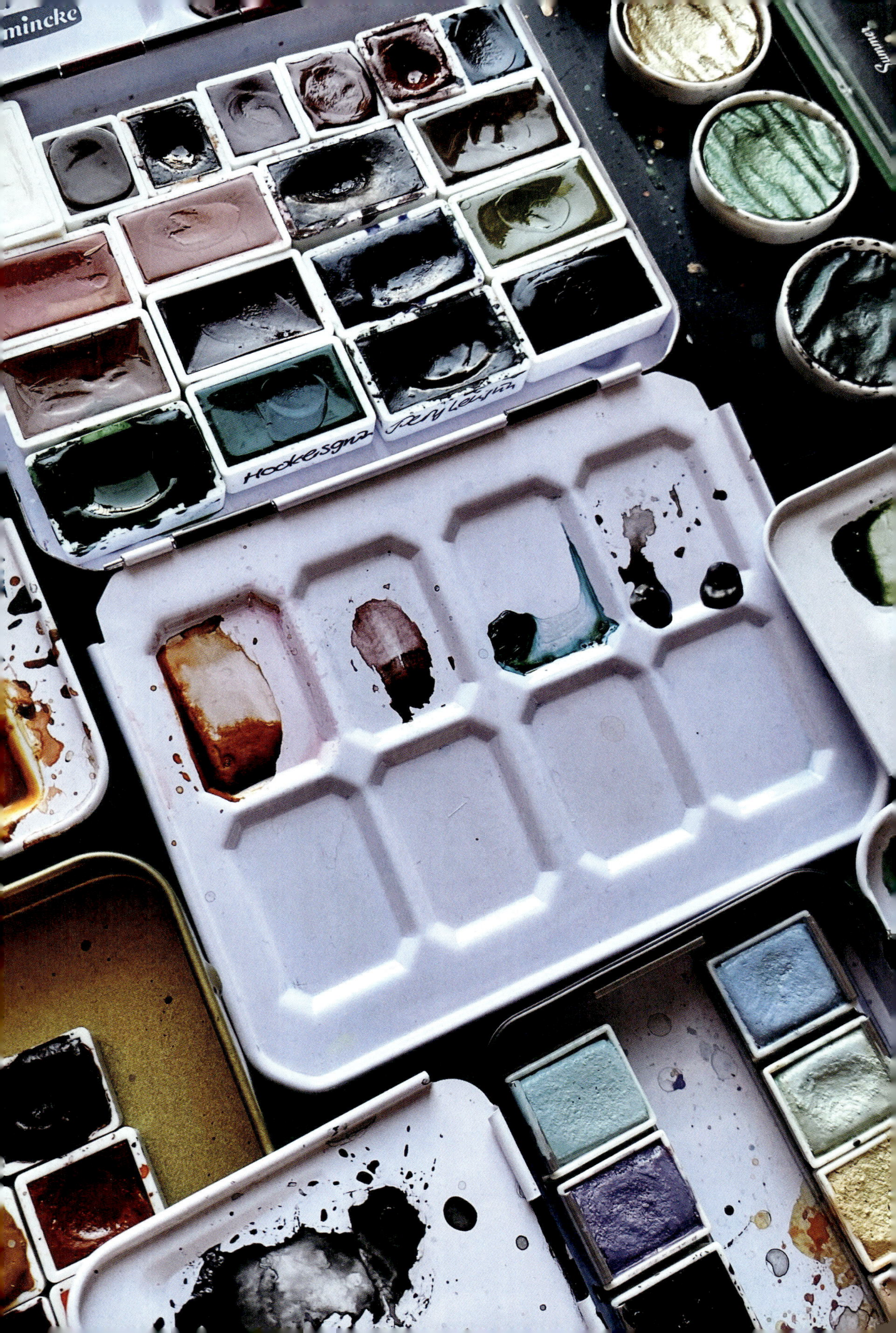

# Material

Bevor es an die Grünpflanzen geht, möchte ich dir in diesem Kapitel meine liebsten Materialien vorstellen und ein paar nützliche Informationen an die Hand geben. Die Materialauswahl ist geradezu grenzenlos und kann einen vor allem als Einsteiger ziemlich überfordern. Auch ich habe mich am Anfang oft gefragt: »Brauche ich das alles, um auch so tolle Ergebnisse zu erzielen?« Definitiv nein. Trotzdem ist das Material ein entscheidender Faktor für den Erfolg deines Kunstwerks. Du musst aber keineswegs den halben Künstlerbedarf plündern. Ich berichte dir von meinen Erfahrungen, einigen Fehleinkäufen, und vielleicht kannst du etwas für dich daraus mitnehmen. Natürlich möchte ich an dieser Stelle noch mal betonen, dass, auch wenn ich einige Marken nenne, die ich gerne verwende, nicht auch andere Marken und Materialien genauso gut geeignet sind. Am Ende bleibt es eben doch zum großen Teil eine persönliche Entscheidung, womit man arbeiten möchte.

# Aquarellpinsel

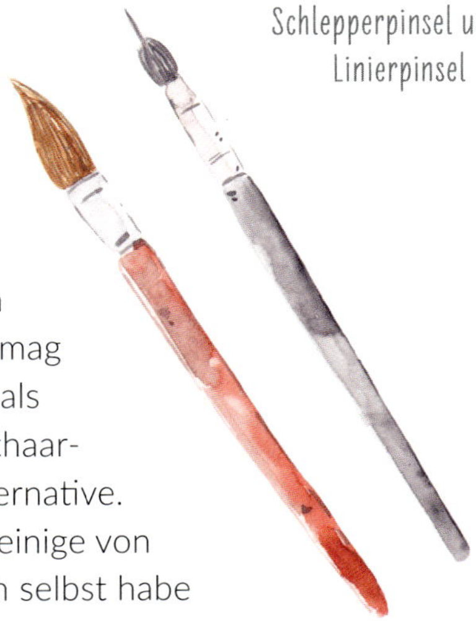

Schlepperpinsel und Linierpinsel

Aquarellpinsel gibt es in vielen unterschiedlichen Formen und Größen. Auch hier kann einen die große Auswahl schnell überfordern. Ich hoffe, ich kann dich beruhigen, denn ich habe bestimmt einige Jahre mit vier verschiedenen Rundpinseln gemalt. Mehr waren nicht nötig. Dennoch möchte ich an dieser Stelle etwas in die Tiefe gehen. Zunächst mag dir vielleicht auffallen, dass es sowohl Echthaar- als auch Synthetikhaarpinsel gibt. Lange galten Echthaarpinsel als hochwertige und auch kostspielige Alternative. Doch die Synthetikhaarpinsel – oder zumindest einige von ihnen – haben das Feld von hinten aufgerollt. Ich selbst habe direkt mit synthetischen Pinseln angefangen und bin mit diesen vollkommen zufrieden, aber auch unter ihnen gibt es einige Unterschiede.

## Rundpinsel

Zunächst möchte ich dir meinen Favoriten und Allrounder vorstellen: den Rundpinsel. Auf diesen könnte ich wirklich nicht mehr verzichten. Rundpinsel haben viele dicht aneinandergeordnete Haare und eine zu einem Punkt zusammenlaufende »pointierte« Spitze. Ich mag sie deshalb so sehr, weil sie sowohl breite als auch sehr feine Pinselstriche ermöglichen. Dabei würde ich dir einen Rundpinsel mit einer filigranen Spitze empfehlen, um auch feinere Details zu malen. Manche Rundpinsel laufen vorne nicht allzu spitz zu, deshalb eignen sie sich eher für gröbere Motive. Meine absolute Basic-Empfehlung sind ein kleiner und ein großer Rundpinsel. Dabei favorisiere ich zum Beispiel die Größen 4 oder 6 und 0. Der Unterschied zwischen einzelnen Größen ist oftmals nicht allzu groß, sodass einige wenige Pinsel ausreichen. Ich verwende am liebsten Rundpinsel aus verschiedenen Produktreihen, weil sie sich hauptsächlich in Bezug auf Flexibilität und Wasseraufnahmefähigkeit unterscheiden. Probiere am besten mehrere aus, denn eine hohe Formstabilität gibt am Anfang viel

Sicherheit. Andererseits kann auch ein locker gebundener Pinsel, der mehr Wasser aufnimmt, für bestimmte Motive toll sein.

## Verwaschpinsel

Dank »Instagram-made-me-buy-it« habe ich einen weiteren Favoriten kennengelernt, den sogenannten Verwaschpinsel. Dieser stellt eine Sonderform des Rundpinsels dar. Er sieht deutlich voluminöser aus, denn er weist mehr Pinselhaare und eine lockere Bindung auf. Dank einer weichen, flexiblen Spitze ist er in der Lage, sehr viel Wasser und Farbe aufzunehmen. Daher rührt auch sein Name »Verwaschpinsel«. Durch die flexiblen Pinselhaare ist dieser Pinsel nicht so leicht kontrollierbar, was meiner Meinung nach seinen Charme ausmacht. Ich nutze ihn am liebsten, um Hintergründe zu kolorieren, aber auch für abstraktere Motive. Deshalb ist der Verwaschpinsel, wie ich finde, eine wunderbare Ergänzung zu herkömmlichen Rundpinseln. Falls du im Internet auf die Suche nach einem geeigneten Verwaschpinsel gehst, solltest du beachten, dass selbst die Größe 0 schon sehr mächtig sein kann, und die Angaben des Herstellers sorgfältig recherchieren.

## Schlepperpinsel

Der Schlepperpinsel zeichnet sich durch seine sehr langen Haare aus. Dadurch ist er in der Lage, viel mehr Farbe zu halten als ein normaler Rundpinsel. Er ist mein Favorit für besonders feine Linien, weil du nicht so oft neue Farbe nachnehmen musst. Der filigrane Schlepperpinsel bildet daher für mich das Pendant zu einem feinen Rundpinsel, da dieser auch meistens etwas länger bei mir überlebt und nicht allzu schnell ausfranst. Vielleicht hast du schon mal von einem Schlepperpinsel-Verwaschpinsel gehört. Ich hatte ja bereits angedeutet, dass es viel Auswahl gibt. Dieser Pinseltyp vereint die Eigenschaften von Schlepperpinsel und Verwaschpinsel: Er speichert viel Wasser und Farbe, hat aber auch viele lange flexible Pinselhaare. Dadurch ist er zwar schwerer zu kontrollieren als der Verwaschpinsel, aber er ist der perfekte Pinsel für geübte Kreative, die gerne mal locker und losgelöst malen wollen.

### Flachpinsel, Schwertpinsel, Linierpinsel

Im Laufe des Buches wirst du vielleicht erkennen, dass ich auch leidenschaftlich gern Urban-Watercolor-Motive male. Hierfür eignet sich der Flachpinsel ganz besonders, beispielsweise für Backsteine. Dabei gibt dir die eckige Form des Pinsels schon eine perfekte Form vor, die du dir für solche Motive zunutze machen kannst. Größere Breitpinsel sind denkbar zum Grundieren von Flächen. Da ich dies aber gerne etwas lockerer mag, nutze ich hierfür entweder einen Verwasch- oder einen Schwertpinsel. Dieser läuft zugleich spitz und schräg zu. Dadurch kannst du mit dem Schwertpinsel großflächig und detaillierter malen. Aufgrund seiner oftmals weicheren Pinselhaare hast du allerdings weniger Kontrolle als bei einem Rundpinsel. Zu guter Letzt möchte ich dir den Linierpinsel vorstellen. Dieser sehr speziell gestaltete Pinsel eignet sich hervorragend für eine feine Detailmalerei. Er läuft spitz und lang zu und hat einen bauchigen Pinselkörper, der den Farbspeicher bildet. Daher musst du nicht so oft in deine Farbe tauchen und kannst ewig lange feine Linien ziehen.

### Pinselpflege

Damit du möglichst lange etwas von deinen geliebten Pinseln hast, würde ich dir empfehlen, sie nicht im Wasserglas stehen zu lassen. Nach einer erfolgreichen Malsession spüle ich sie in klarem Wasser aus und lasse sie horizontal trocknen. So kann kein Wasser in die Klebestellen laufen. Je nach Pinsel kannst du die Haare noch in Form streichen. Wenn du deinen Pinseln etwas besonders Gutes tun möchtest, kannst du sie ab und an auch mit Pinselseife reinigen. Das würde ich dir aber in jedem Fall empfehlen, wenn du häufiger mit Gouache arbeitest.

## Aquarellpapier

Die Wahl deines Aquarellpapiers ist entscheidend für dein Ergebnis und deinen Erfolg. Dabei solltest du unbedingt Aquarellpapier verwenden, denn mit normalem Zeichen- oder sogar Kopierpapier könntest du schnell die Freude am Aquarellieren verlieren. Aquarellpapier weist in der Regel eine stärkere Papierdicke auf und kann daher Farb- und Wassermenge besser aufnehmen.

## Papierstärke

Ein für mich ganz entscheidendes Kriterium bei der Papierauswahl ist die Papierstärke. Da bei der Loose-Watercolor-Technik oftmals viel Wasser verwendet wird, greife ich grundsätzlich zu einer Papierstärke von 300 g/m². Diese habe ich für mich dadurch herausgefunden, dass ich einmal in eine Auswahl »Selection Block« investiert habe. Diesen gibt es beispielsweise von der Firma Hahnemühle; er besteht aus zwölf verschiedenen Papiersorten und gibt dir einen guten Überblick, welche Beschaffenheit und Stärke für dich passen könnten. Auf diese Weise kannst du dir dann die Ausgaben für zwölf separate Blöcke sparen. Auch einen Papiertausch mit Gleichgesinnten kann ich dir ans Herz legen. Zu dünnes Aquarellpapier kann sich schnell wellen (z. B. 200 g/m² und weniger). Es gibt aber auch noch dickeres Papier. Dieses verwende ich gerne für großflächige, wasserreiche Illustrationen, es ist aber absolut kein Muss.

## Oberflächenstruktur

Ich kann mich noch sehr gut an meinen ersten Besuch im Künstlerbedarf erinnern. Begriffe wie »cold pressed«, »matt« , »rau« und »hot pressed« haben mich komplett verwirrt. Die Aussage der Verkäuferin, dass die Wahl des Aquarellpapiers eine sehr persönliche Entscheidung wäre, hat mich leider auch nicht wirklich weitergebracht. Daher hier einmal der Quickstart-Guide für dich: Heiß gepresstes Aquarellpapier wird oft als »hot pressed« oder auch satiniert bezeichnet. Es zeichnet sich durch eine sehr glatte und feine Oberfläche aus. Ich persönlich nutze es sehr gern, wenn ich etwas lettern möchte, da der Pinsel dann nicht so sehr springt und leicht zu kontrollieren ist. Solltest du jedoch lieber mit etwas mehr Wasser arbeiten, würde ich dieses Papier nicht uneingeschränkt empfehlen, denn durch die glatte Oberfläche können schnell Wasserflecken und unerwünschte Ränder entstehen. Kalt gepresstes Aquarellpapier hat hingegen eine matte bis raue Oberflächenstruktur. Diese Oberfläche ist etwas saugkräftiger und daher wunderbar für Nass-in-Nass-Techniken geeignet. Ich verwende am liebsten mattes Aquarellpapier, da es leicht strukturiert ist und den wunderschönen typischen Aquarelllook zulässt. Raues Aquarellpapier ist für meine Zwecke oft zu stark strukturiert, wobei auch die Linien etwas mehr ausfransen können und der Look der Illustration insgesamt etwas rauer erscheinen kann. Gerade wenn du deine Arbeiten digitalisieren möchtest, ist weniger strukturiertes Papier vorteilhaft.

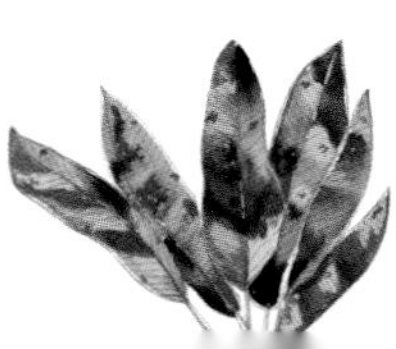

### Papiermaterial

Zu guter Letzt stehen noch viele verschiedene Materialien zur Auswahl wie beispielsweise Zellulose, Hader, Baumwolle und Bambus. Tatsächlich habe ich mich diesem Thema aber erst nach einiger Zeit und vielen Übungen auf günstigem Aquarellpapier gewidmet. Probiere am besten die verschiedenen Materialien selbst aus. Aquarellpapier mit Baumwollanteil wird oftmals eine gute Qualität nachgesagt. Daher ist es allerdings häufig teurer als Papier aus Zellulose. Ich persönlich verwende gerne ein günstiges Papier zum Üben und Ausprobieren und ein gutes Baumwollpapier für aufwendigere Illustrationen. Gerade wenn man mit viel Wasser arbeitet, zum Beispiel bei der Nass-in-Nass-Technik, ist Baumwollpapier günstiger. Dabei wäre es auch von Vorteil, wenn der Block vierseitig geleimt ist, weil er sich dann nicht so stark verzieht oder wellt.

## Aquarellfarben

Kommen wir nun zu meinem persönlichen Favoriten, den Aquarellfarben. Ich bezeichne mich selbst oft als farbverrückt, denn Farben begeistern mich so sehr, dass ich nie genug davon haben kann. Daher möchte ich an dieser Stelle meine bisher gesammelten Erfahrungen mit Aquarellfarben mit dir teilen.

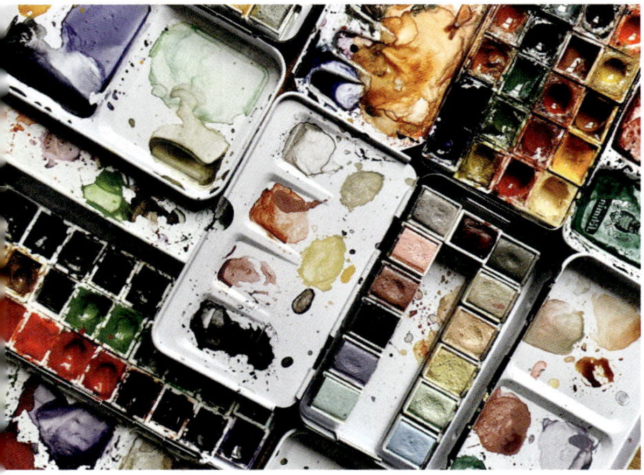

Aquarellkästen

### Näpfchen vs. Tube

Aquarellfarben sind im Handel in verschiedenen Formen erhältlich: als Näpfchen, Tuben oder Dosen. Außerdem gibt es noch einige wenige Sonderformen wie beispielsweise abgefüllt in Fläschchen, Stiften oder getrocknet auf Papier. Ich bin damals mit halben Aquarellnäpfchen gestartet und bis heute hauptsächlich dabei geblieben. Wenn einmal eine meiner Lieblingsfarben aufgebraucht ist, kaufe ich oft eine Tube nach und fülle sie selbst wieder auf. Es gibt aber auch Künstler:innen, die es vorziehen, die Farben direkt aus der Tube zu verwenden. Dabei landet allerdings oftmals sehr viel Pigment auf dem Pinsel. Ich präferiere daher die getrocknete Form. So kannst du die Farben ganz leicht mit etwas Wasser anlösen und direkt loslegen. In einem kleinen Aquarellkasten lassen sich die Farben super verstauen, und du kannst sie problemlos mit in den Urlaub nehmen.

## Die Qual der Wahl

Das Angebot an Aquarellfarben auf dem Markt ist schier endlos. Befassen wir uns daher zuerst einmal mit der Qualität. Bei den meisten Herstellern gibt es Aquarellfarben in mindestens zwei Qualitätsstufen: in der Studien- und in der Künstlerqualität. Wenn du dir noch nicht sicher bist, ob die Aquarellmalerei etwas für dich ist, würde ich dir die Studienqualität ans Herz legen. Diese Qualitätsstufe enthält meist weniger reines Pigment und im Verhältnis mehr Bindemittel. Dies ist für den Anfang aber durchaus erwünscht, da du dann nicht Gefahr läufst, zu viel Pigment auf das Papier zu bringen. Mein erster Aquarellkasten war der 12 + 3 Kasten von Van Gogh, der Studienqualitätsreihe von Royal Talens. Mit dieser Vorauswahl an Farben bin ich eine lange Zeit super ausgekommen, bis mich die Neugier auf mehr gepackt hat. Du musst dich also keineswegs gleich mit teurem Material eindecken, denn gerade am Anfang geht es darum, erste Erfahrungen zu sammeln.

## Aquarellfarben

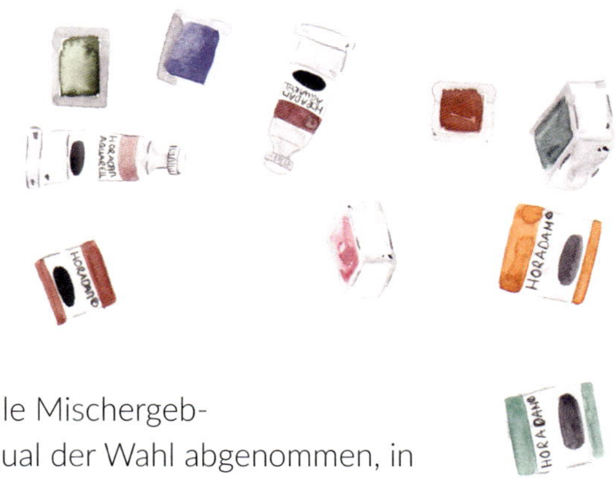

Ich empfehle allen Einsteiger:innen, einen zusammengestellten Standardkasten zu verwenden, denn dieser enthält in der Regel nicht nur gut aufeinander abgestimmte Farben, sondern auch oft die Primärfarben Magenta, Gelb und Cyan, mit denen man tolle Mischergebnisse erzielt. Dir wird gleichzeitig auch die Qual der Wahl abgenommen, in dem riesigen Sortiment an Farben geeignete Töne auszuwählen. Seit einiger Zeit gibt es außerdem unzählige sogenannte Themenkästen. Ob saisonale, florale oder sogar Greenery Kästen: Tolle Künstler:innen haben ihre Präferenzen und ihr Wissen in diese Zusammenstellungen gesteckt und machen dir somit den Ein-

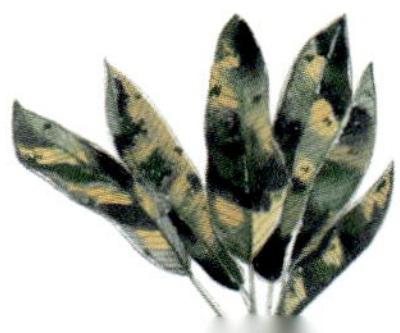

stieg besonders leicht. Wenn du schon einige Erfahrungen mit Aquarellfarben gesammelt hast und dir eine eigene Farbpalette zusammenstellen möchtest, kann ich dir Dot Cards ans Herz legen. Auf einer großen Farbkarte findest du alle Farbtöne eines Herstellers und des Farbsortiments in Form von kleinen Punkten zum Anlösen – meist für 10 bis 15 Euro. So kannst du einen realitätsgetreuen Blick auf die Farben werfen und deinen ganz eigenen Kasten zusammenstellen.

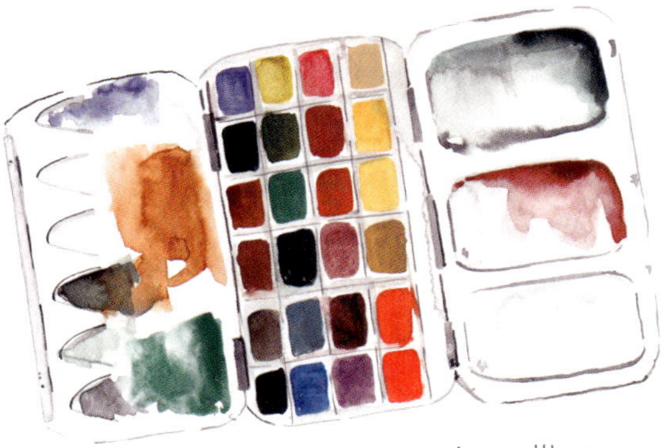

Aquarellkasten

Meine persönliche Farbauswahl (wie im Aquarellkasten zu sehen ist) variiert meist saisonal, aber auch zwischen den einzelnen Motivwelten. Meine liebsten Farben sind meist sehr natürlich, sie werden mit einigen knalligen Highlights aufgepeppt. So mische ich eine meiner Lieblingsfarben, Perylengrün, beispielsweise aus Indisch Gelb und Indigo. Nach einiger Zeit war ich das Mischen jedoch leid, seither kaufe ich mir meine bevorzugten Farbtöne in Näpfchen und Tuben vorgemischt. Das ist für mich auch ein toller Vorteil der großen Farbsortimente.

## Farbeigenschaften

Meistens werden die Farben in einem Herstellersortiment in unterschiedliche Preiskategorien aufgeteilt. Somit ist der Preis von Farbton zu Farbton unterschiedlich. Dies bleibt natürlich bis zu einem gewissen Grad das Geheimnis der Hersteller, hängt jedoch auch von den jeweiligen Pigmenten ab, die unterschiedlich teuer, leichter oder schwerer zu gewinnen oder eben auch gefragter sind. Wenn du dir mal ein Farbnäpfchen oder einen Farbkatalog schnappst, fallen dir bestimmt viele verschiedene Symbole ins Auge. Sie geben dir Auskunft darüber, wie transparent, lichtbeständig und färbend eine Farbe ist. Bei der Horadam-Reihe des Herstellers Schmincke wird die Transparenzstufe in Quadraten angegeben. Ist das Quadrat nicht ausgefüllt, ist die Farbe besonders transparent. Es gibt beispielsweise Farbtöne, bei denen du dies schon im Namen erkennst wie »Lasur Ocker«. Andere Farbtöne besitzen hingegen eine höhere Deckkraft und werden deshalb durch ein halb oder ganz gefülltes Quadrat gekennzeichnet. Die Angabe der Lichtechtheit gibt Auskunft darüber, wie lange die Farbe auf deinem Papier bestehen bleibt, wenn es Tageslicht ausgesetzt ist. Dies wird zum Beispiel durch eine Anzahl an Sternchen auf der Verpackung angegeben. Darüber hinaus gibt es noch das sogenannte Staining-Verhalten. Es beschreibt, wie gut sich die einzelnen Farbtöne wieder von deinem Aquarellpapier ablösen lassen. Manche Farben hinterlassen einen Farbschleier auf dem Papier, eben das Staining. Diese Farben lassen sich nur sehr schwierig oder gar nicht mehr ohne Rückstände vom Papier anlösen.

## Granulierende Farben

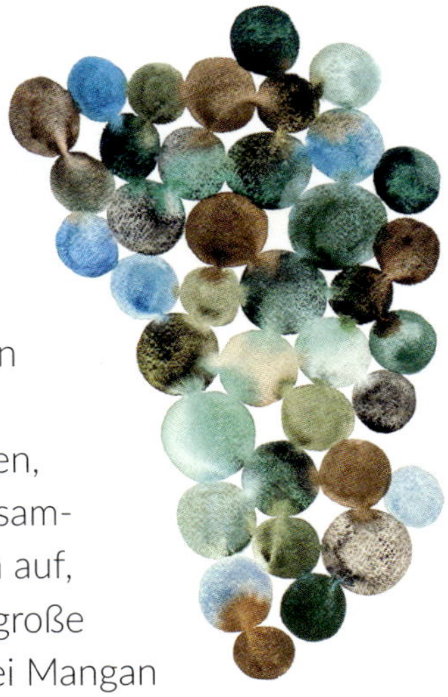

Seit einiger Zeit habe ich die granulierenden Aquarellfarben in mein Herz geschlossen. Falls du noch nie etwas davon gehört hast, hat das nichts zu sagen. Ich wusste auch lange Zeit nicht, dass es sie gibt und was es überhaupt mit ihnen auf sich hat. Da ich diese Art von Farben und Pigmenten jedoch super spannend finde, möchte ich sie dir gerne vorstellen. »Granulieren« nennt man die Eigenschaft einiger Farben, bei der sich Pigmente nach dem Auftragen auf dem Papier zusammenschließen und absetzen. Dieser Effekt tritt vor allem dann auf, wenn viel Wasser verwendet wird und wenn unterschiedlich große Pigmente miteinander gemischt werden wie beispielsweise bei Mangan oder Kobalt. Andererseits können aber auch kleinere Pigmente verwendet werden, die sich aufgrund von Anziehung zusammenlagern. Granulierende Farbtöne findest du in den Standardsortimenten einiger Hersteller wie Royal Talens, Schmincke oder Daniel Smith. Darüber hinaus gibt es bereits auch einige Sondereditionen. Ich finde, diese Töne eignen sich hervorragend für Grünpflanzen, da sie ihnen eine besondere Struktur verleihen.

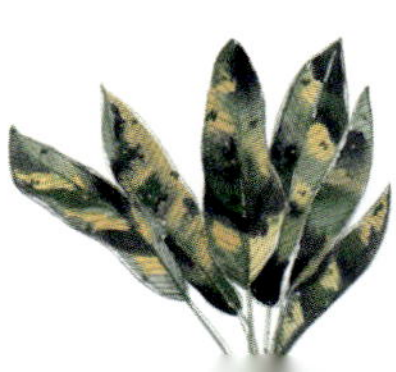

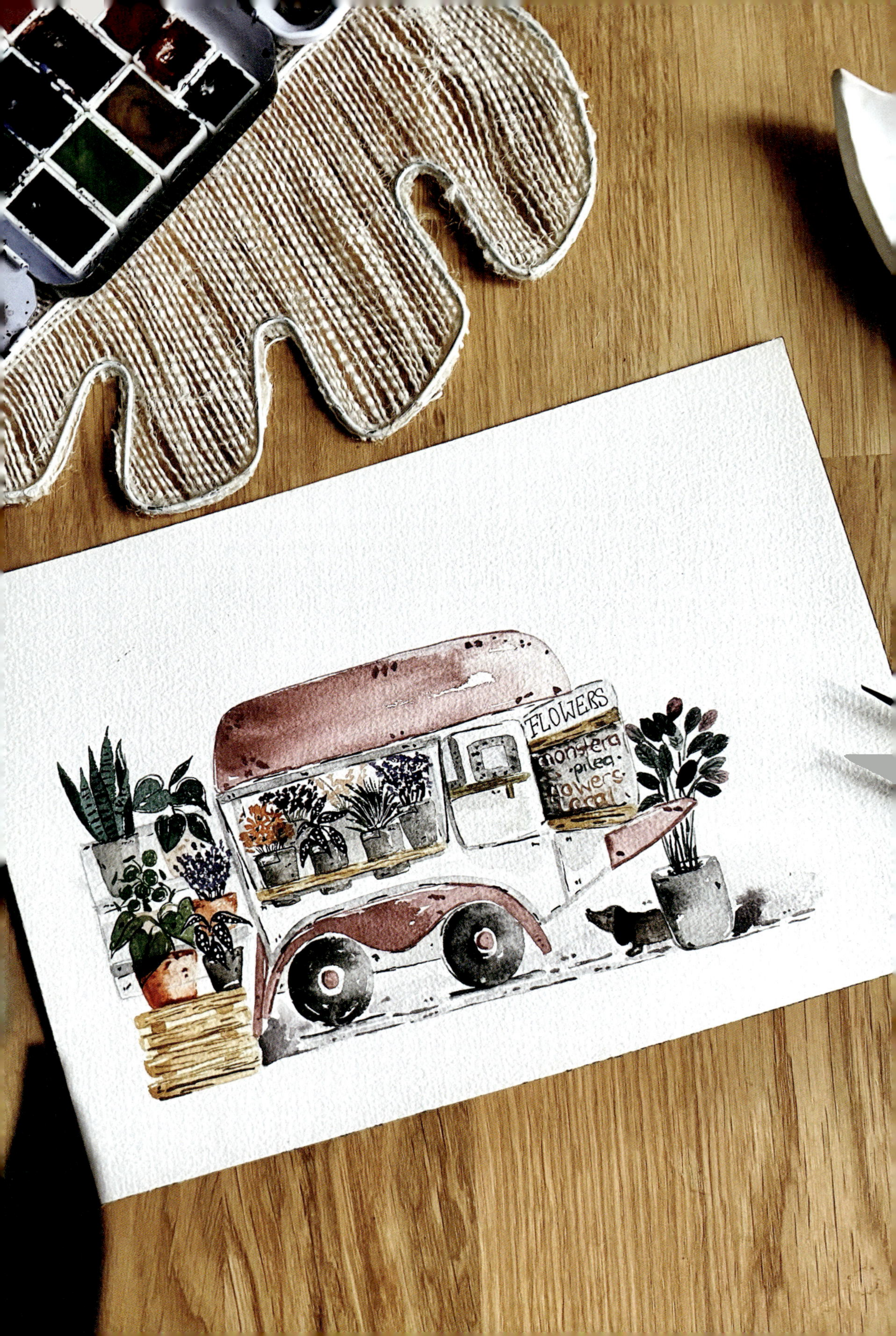
FLOWERS
monstera
pilea
flowers
local

# Watercolor-Techniken

Bevor wir in die wunderbare Welt der Grünpflanzen eintauchen, möchte ich dir zunächst die grundlegenden Watercolor-Techniken erklären. Leg dir hierfür schon mal Farben & Pinsel zurecht und steige gerne mit ein. Einige Übungen sind gerade zum Aufwärmen und Auffrischen immer wieder toll, egal, wie lange du schon malst und kreativ bist.

# Das richtige Wasser- und Farbverhältnis finden

Der Name »Aquarellfarbe« beinhaltet bereits das Wort »Wasser«. Doch wie viel Wasser soll/darf/kann es überhaupt sein? Kann man zu viel oder zu wenig Wasser nehmen? Ich würde sagen ja und nein, denn es kommt natürlich stark auf deine Präferenz und das Motiv an. Dennoch war ich am Anfang sehr unsicher, wie ich die Aquarellfarben am besten anmischen und verwenden sollte. Meine ersten Motive waren sehr pastös und deckend gemalt, fast wie mit Acryl- oder Gouache-Farben. Daher möchte ich dir an dieser Stelle eine hilfreiche Übung zeigen, die ich auch in meine Workshops eingebaut habe. Sie hilft dir, ein eigenes Gefühl für die Farb-Wasser-Mischung zu erhalten. Als Erstes mischst du eine sehr kräftige Aquarellfarbe mit sehr wenig Wasser an; anschließend hellst du diese Farbe Schritt für Schritt auf, indem du immer mehr Wasser hinzugibst. Somit erhöhst du in jeder neuen Mischung die Transparenz. Führ dies ruhig in vielen kleinen Abstufungen durch.
An dieser Stelle möchte ich dir auch eindringlich empfehlen, fürs Malen eine Mischpalette zu nutzen. Dies hat wirklich vieles für mich verändert. Wenn du nämlich versuchst, ausschließlich Farbe direkt aus dem Näpfchen oder der Tube aufzunehmen, wird diese in der Regel sehr deckend. Die meisten Farbkästen haben Mischpaletten bereits integriert. Du kannst natürlich auch einen Teller, einen Untersetzer, eine Keramik- oder eine Plastikpalette verwenden.

## Übung

Bei dieser Übung lernst du deine verschiedenen Farben besser kennen. Wie bereits im Grundlagenkapitel beschrieben, besitzen die verschiedenen Pigmente oftmals eine unterschiedliche Deckkraft. Somit kann auch jedes Mal das Farb-Wasser-Verhältnis variieren, um ein gewünschtes Ergebnis zu erzielen.

## Übung Farben aufhellen

**Schritt 1:** Für den ersten deckenden Farbauftrag nutze ich nur sehr wenig Wasser und trage die Farbe quasi direkt aus dem Näpfchen auf. Dabei gebe ich für den nächsten Schritt von derselben Farbmischung auch etwas auf meine Mischpalette.

**Schritt 2:** Nun gebe ich etwa eine Pinselladung Wasser zu meiner Mischung auf der Farbpalette hinzu. Bevor ich die Mischung auf mein Aquarellpapier auftrage, streife ich den Pinsel aber noch mal am Rand der Palette ab. Diesen Schritt kannst du nun wiederholen, so oft du magst.

Bei dieser Übung habe ich mir die Quadrate mit Maskingtape abgeklebt. Dieses Klebeband kannst du beispielsweise auch dafür nutzen, dein Papier am Tisch festzukleben, damit es nicht verrutscht und sich nicht so stark wellt. Dabei setze ich ganz gewöhnliches Malerkrepp aus dem Baumarkt ein. Mit der Version für sensible Oberflächen hatte ich auch noch nie Probleme in Kombination mit meinem Aquarellpapier. Trotzdem solltest du es vielleicht erst einmal an einer unauffälligen Stelle testen.

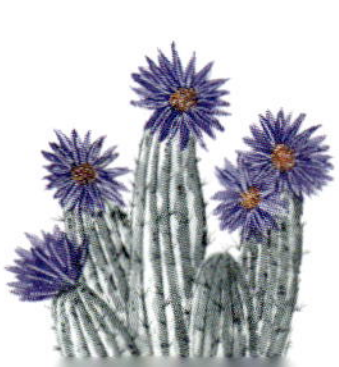

### Masking Tape

Neben einer Mischpalette verwende ich beim Malen auch gerne zwei verschiedene Wassergläser: Ein Wasserglas nutze ich für den groben Schmutz und ein weiteres, falls ich sauberes, klares Wasser benötige. Einige Künstler:innen teilen ihre Wassergläser auch in warme und kalte Farbtöne auf. Egal, wie du es machst: Zwei Wassergläser helfen dir dabei, dass die Farben schön strahlend bleiben, und sie verhindern, dass sie schmutzig oder dumpf wirken.

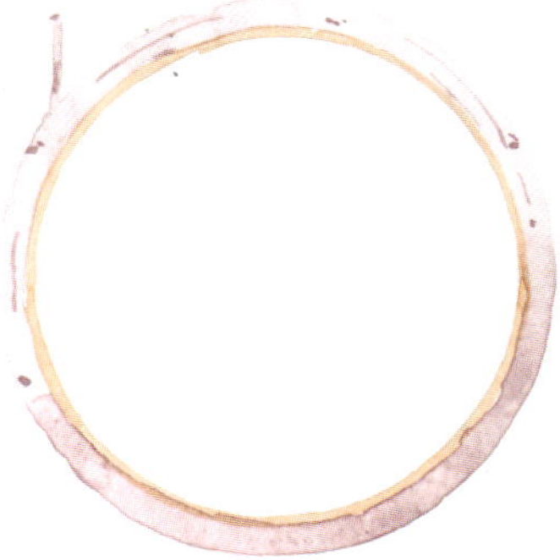

### Wassergläser

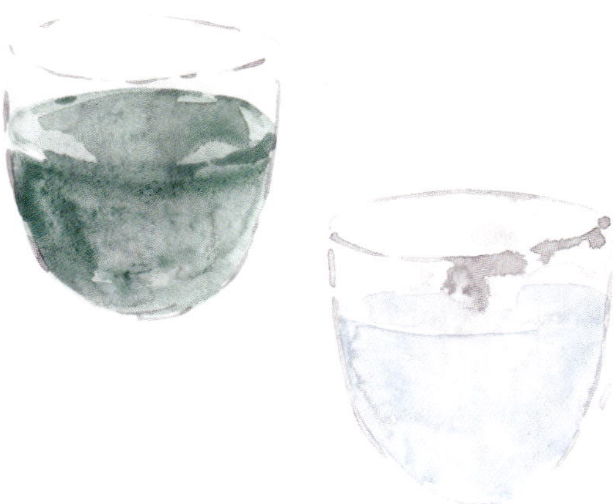

Bei der Dosierung von Wasser und Farbe kann es natürlich hier und da mal zu Schwierigkeiten kommen. Häufige Probleme können beispielsweise sein, dass du zu trocken oder zu nass arbeitest. Trotzdem sei an dieser Stelle nochmal gesagt, dass es nicht unbedingt ein richtiges oder falsches Verhältnis gibt. Denn je nachdem, welchen Effekt man erzielen möchte, können selbst Wasserflecken oder ein streifiges Ergebnis erwünscht sein.

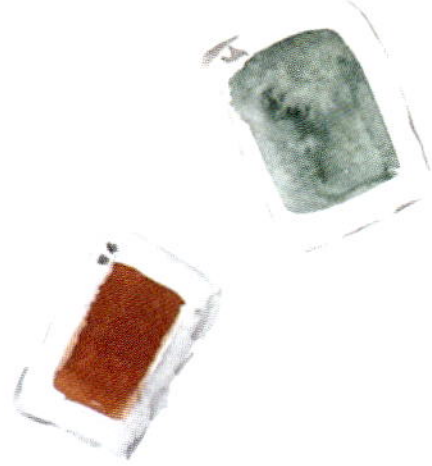

## Wasserflecken vs. streifig

Solltest du wenig Wasser verwenden, kann es mitunter dazu führen, dass dein Ergebnis streifig ausfällt. Das Bild wirkt aufgrund der entstehenden weißen Flecken nicht ebenmäßig. Ich finde diese automatisch eingebauten Weißträume bei ausgewählten Motiven sehr schön, und du wirst sie sicher in diesem Buch noch bei einigen Motiven entdecken. Wenn du zum Beispiel gezielt Gräser malen möchtest, empfiehlt es sich, einen trockenen Aquarellpinsel zu nehmen.

Im Gegensatz dazu können sich Wasserflecken bilden, wenn du viel Wasser verwendest. Sie entstehen dadurch, dass das Wasser die Pigmente nach außen schiebt und diese unregelmäßig trocknen. Dies passiert besonders schnell, wenn du glattes Papier verwendest. Ich selbst habe aber nichts gegen Wasserflecken und finde, sie lockern gerade im Loose-Watercolor-Bereich die Motive auf. Ein Nachteil ist allerdings, dass du diesen Effekt nur schwer kontrollieren und bedingt absichtlich einbauen kannst.

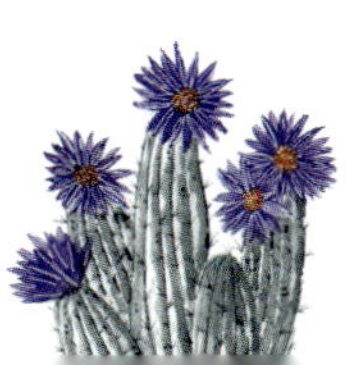

# Aquarell-Grundtechniken: Lavur & Lasur

Die zwei Grundtechniken der Aquarellmalerei, die sogenannte Lasur (Lasieren) und Lavur (Lavieren), kannst du für jegliche Loose-Watercolor-Motive nutzen. Daher solltest du dich damit besonders vertraut machen, denn ich wende sie für nahezu jedes Motiv in diesem Buch an.

## Lavur

Starten wir zunächst mit der Lavur. Hierbei dreht sich alles um wunderschöne Farbverläufe. Beim Lavieren werden die Farben im nassen Zustand verarbeitet und ineinander verblendet. Es gibt zwei unterschiedliche Techniken, um fantastische Effekte zu erzielen.

Bei der Nass-in-Nass-Technik bereitest du zunächst dein Aquarellpapier vor, indem du es mit dem Pinsel oder einem Schwamm anfeuchtest. Achte darauf, dass es zwar gleichmäßig mit Wasser benetzt ist, aber keine Pfützen entstehen. Anschließend nimmst du mit dem Pinsel Farbe auf und tupfst diese an eine beliebige Stelle, sodass du der Farbe beim Verlaufen zuschauen kannst. Wichtig ist, dass du im zweiten Schritt nicht zu viel Wasser in das Motiv gibst. Dabei gilt wiederum: Übung macht den Meister.

Eine andere Möglichkeit ist es, pigmentierte Farbe auf das Papier zu geben. Dann kannst du mit einem ausgewaschenen und leicht feuchten Pinsel die Farbe auf deinem Papier verblenden (Verlauftechnik).

**Beispiel Farbverläufe**

Die eben beschriebene Nass-in-Nass-Technik eignet sich besonders gut für Hintergründe und Grundierungen. Dadurch erhält man meist im ersten Schritt einer,,

Illustration eine helle und zugleich weiche Grundierung. Bei dieser Lavur-Technik kommt es vor allem auf die eingesetzte Wasser- und Farbmenge sowie auf das Timing an. Wenn du im ersten Schritt mit zu viel Wasser arbeitest, verteilen sich die Pigmente nicht optimal, und es entsteht ein fleckiges Ergebnis. Arbeitest du mit zu wenig Wasser, und das Papier bleibt zu trocken, kommt kein richtiger Farbverlauf zustande. Dasselbe gilt für das Timing. Wenn du die Farbe zu früh hinzugibst, wenn alles noch sehr nass ist, könnte die Farbe großflächig verlaufen. Ist die Fläche schon stark getrocknet, konzentriert sich die Farbe eher auf eine kleine Fläche. Am besten nimmst du dir ein paar Aquarellpapiere und übst zunächst Farbverläufe, denn die Fließeigenschaften hängen auch stark von dem genutzten Papier ab. Außerdem sind die Farben eigenwillig, daher kannst du das Ergebnis nur bedingt kontrollieren. Ich finde es spannend, dass manche Aquarellfarben nach dem Trocknen heller erscheinen, als sie nass aussehen.

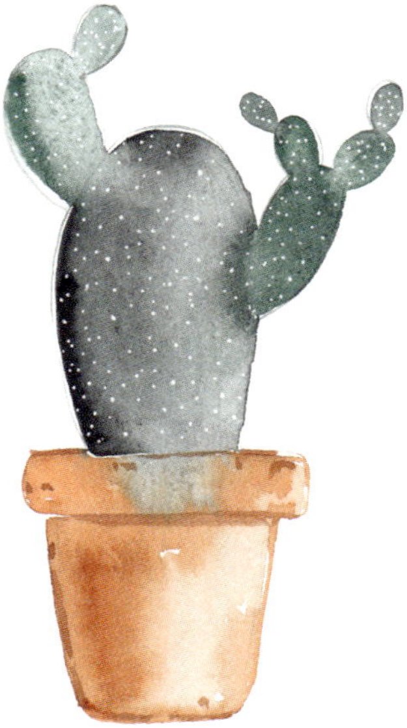

Beispielbild Kaktus, gemalt in Nass-in-Nass-Technik

Als Beispiel habe ich diesen Kaktus fast ausschließlich mit der Nass-in-Nass-Technik gemalt und dafür zwei verschiedene Grüntöne verwendet. Nachdem alles gut getrocknet war, habe ich noch mit einem weißen Gelstift die Stacheln und mit etwas dunklerer Farbe einige Schatten gesetzt.

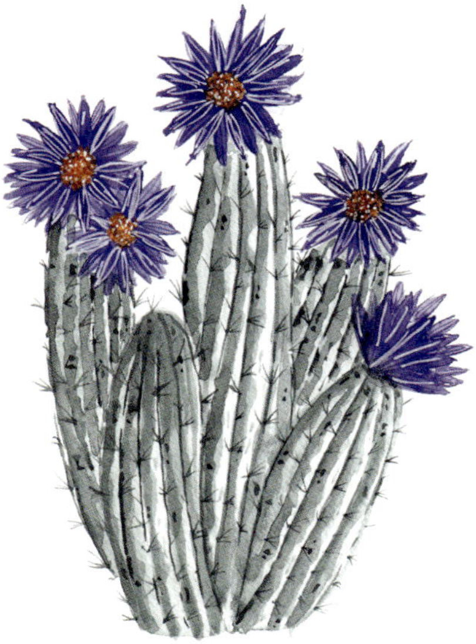

Beispielbild Kaktus in Lasur-Technik

## Lasur

Damit wären wir schon bei dem Thema Nass-auf-Trocken, der sogenannten Lasur angekommen. Diese Technik ist oftmals der zweite oder einer der letzten Schritte in einer Illustration. Grundsätzlich geht es dabei um das Übereinanderlegen von verschiedenen Farbschichten. Dabei ist etwas mehr Geduld gefragt, denn das Papier muss zwischen dem Auftragen der einzelnen Farbschichten gut trocknen, da man sonst riskiert, dass die Farben ineinander verlaufen.

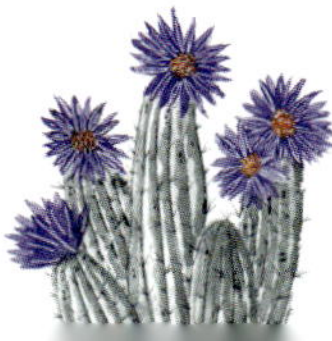

Wenn man mit der Lasur-Technik arbeitet, sollte man beachten, dass sich durch das Übereinanderlegen von verschiedenen Farben indirekte Farbmischungen ergeben. Gibst du also auf eine blaue Farbschicht eine gelbe Lasur, kann die Mischung der beiden Farben grünlich wirken. Mithilfe der Lasur lassen sich wunderbare Schatten oder auch Strukturen schaffen. Als Beispiel habe ich die Technik erneut für ein Kaktusmotiv angewendet. Dabei habe ich einzelne Lasurschichten genutzt, um den Kaktus plastischer und strukturierter wirken zu lassen.
Bei der Lasurtechnik können mitunter einige Probleme auftreten. Wenn du im ersten Schritt zu dunkel arbeitest, ist es schwierig, diese Farbschicht mit einer transparenten Schicht zu überlagern. Versuche daher immer, von Hell nach Dunkel zu malen. Zudem solltest du in der Lasurschicht ebenfalls nicht zu dunkel malen, da man die erste Schicht ansonsten eventuell nicht mehr erkennen kann. Ich vermeide es, zu oft über das Papier zu streichen, um die untere Schicht nicht wieder anzulösen. Und noch etwas gilt es zu beachten: Du solltest mit der Wassermenge sparsam umgehen. Gibst du im zweiten Schritt zu viel Wasser auf dein Papier, könnte dies auch die untere Schicht vom Papier ablösen. Generell benötigt die Lasurtechnik ein wenig Übung, aber sie ist bei meinen Motiven wirklich nicht mehr wegzudenken.

## Umgang mit dem Pinsel

Verwaschpinsel Größe 0
DaVinci Casaneo

Schlepper-Verwaschpinsel
Größe 2
DaVinci Casaneo

Rundpinsel Größe 6
DaVinci Casaneo

Rundpinsel Größe 2
Cosmotop Spin DaVinci

Rundpinsel Größe 0
Cosmotop Spin DaVinci

Nachdem du nun die Grundtechniken der Aquarellmalerei kennengelernt hast, möchte ich dir als Nächstes ein paar Übungen für die Pinselführung an die Hand geben. Je nachdem, wie du den Pinsel hältst und auch wie viel Druck du auf ihn ausübst, kannst du ganz breite oder auch sehr feine Linien ziehen.
Generell gilt: Je weiter vorne du den Pinsel hältst, desto besser kannst du ihn kontrollieren und führen. Möchtest du ein eher lockeres Ergebnis erzielen und Kontrolle abgeben, kannst du

auch versuchen, den Pinsel etwas weiter hinten anzufassen. Es mag dir zunächst etwas ungewohnt erscheinen, aber damit lassen sich tolle unvorhersehbare Ergebnisse erzielen.
Im ersten Schritt möchte ich dir zeigen, wie variabel und vielseitig deine Pinsel sein können. Wenn ich meinen Pinsel ca. im 45°-Winkel zum Papier halte und mit der ganzen Fläche aufdrücke, kann ich sehr breite Striche ziehen. Hierbei merkst du auch, wie viel Wasser deine verschiedenen Pinsel speichern können und wie schnell du Wasser und Farbe nachnehmen musst. Je größer der Pinsel ist und je mehr Haare er aufweist, desto mehr Wasser kann er speichern. Wenn ich dagegen möglichst feine Linien erreichen möchte, halte ich meinen Pinsel senkrecht zum Papier und gebe nur ganz wenig Druck auf den Pinsel. Die Bewegung ist eher ziehend. Gerade für die feinen Linien benötigt man etwas Übung. Daher lege ich neben meinen Illustrationen sehr gerne ein Schmierpapier zum Ausprobieren bereit. Teste an dieser Stelle ruhig mal dein Pinselsortiment. In der Illustration siehst du einen Vergleich zwischen einem Schlepper-Verwaschpinsel, einem Verwaschpinsel und verschiedenen Rundpinseln.

Nachdem du deine verschiedenen Pinsel nun besser kennengelernt hast, möchte ich dir noch einige weitere Übungen zur Pinselführung zeigen. Diese habe ich mit einem DaVinci-Rundpinsel aus der Cosmotop-Spin-Reihe in der Größe 2 gemalt.

## Pinselübung 1

## Übungen

Vielleicht kennst du die erste Übung bereits, wenn du ebenfalls Handlettering machst, denn hierbei nutzt man auch die ganze Fläche und die Pinselspitze abwechselnd und erzeugt dadurch ein Wellenmuster. Ich finde, diese Übung hat definitiv etwas von einer Pinselmeditation. Während du mit dem Pinsel eine Wellenbewegung ausführst, übst du im Aufstrich möglichst wenig Druck auf den Pinsel aus. So kannst du ganz feine Linien ziehen. In den Abwärtsstrich legst du mehr Druck auf

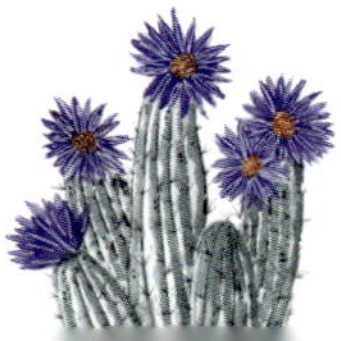

den Pinsel, wodurch dieser sich auffächert. So entsteht das schöne Wechselspiel von dicken und dünnen Pinselstrichen.

## Pinselübung 2

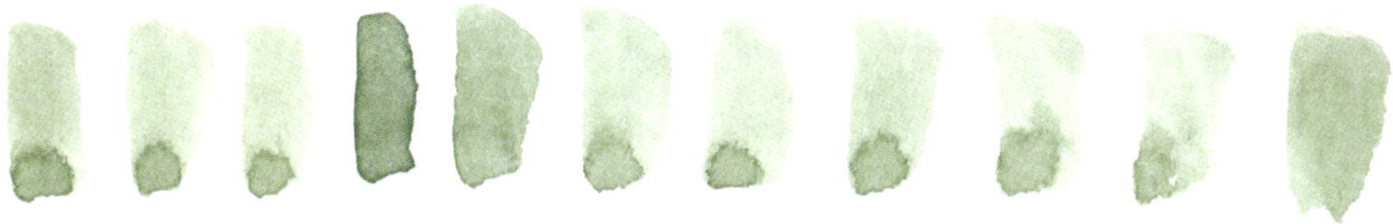

Ziehe den Pinsel für diese Übung mit viel Druck von oben nach unten. So entsteht ein breiter Pinselstrich, da der Pinsel mit seiner gesamten Fläche aufliegt.

## Pinselübung 3

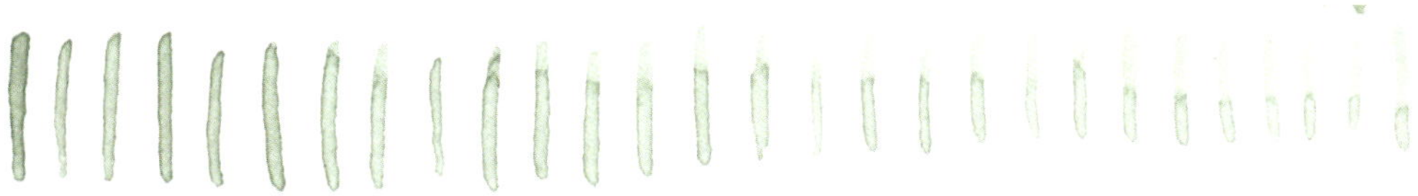

Im Gegensatz dazu kannst du nun den Pinsel mit sehr wenig Druck über das Papier ziehen. Halte den Pinsel dabei möglichst senkrecht. So erzielst du besonders feine Linien. Ich ziehe den Pinsel auch gerne von unten nach oben, die Richtung ist aber typabhängig und mag für dich ebenso gut auch genau andersherum funktionieren.

## Pinselübung 4

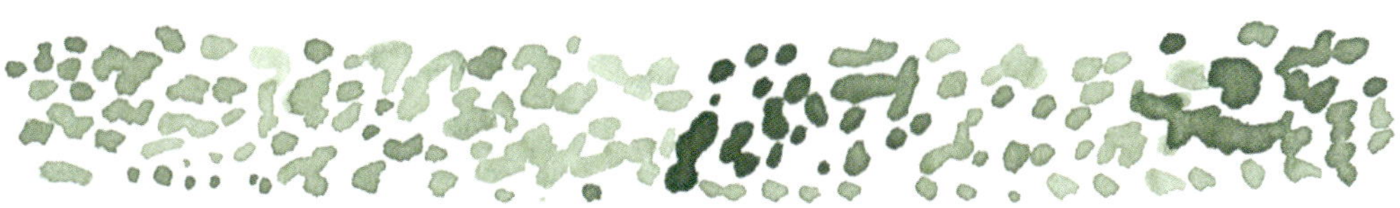

Punkte sind besonders toll, um Motive zu strukturieren. Daher wird nun drauflos gepunktet. Auch hierfür halte ich den Pinsel möglichst senkrecht und lasse ihn tupfend über das Papier hüpfen.

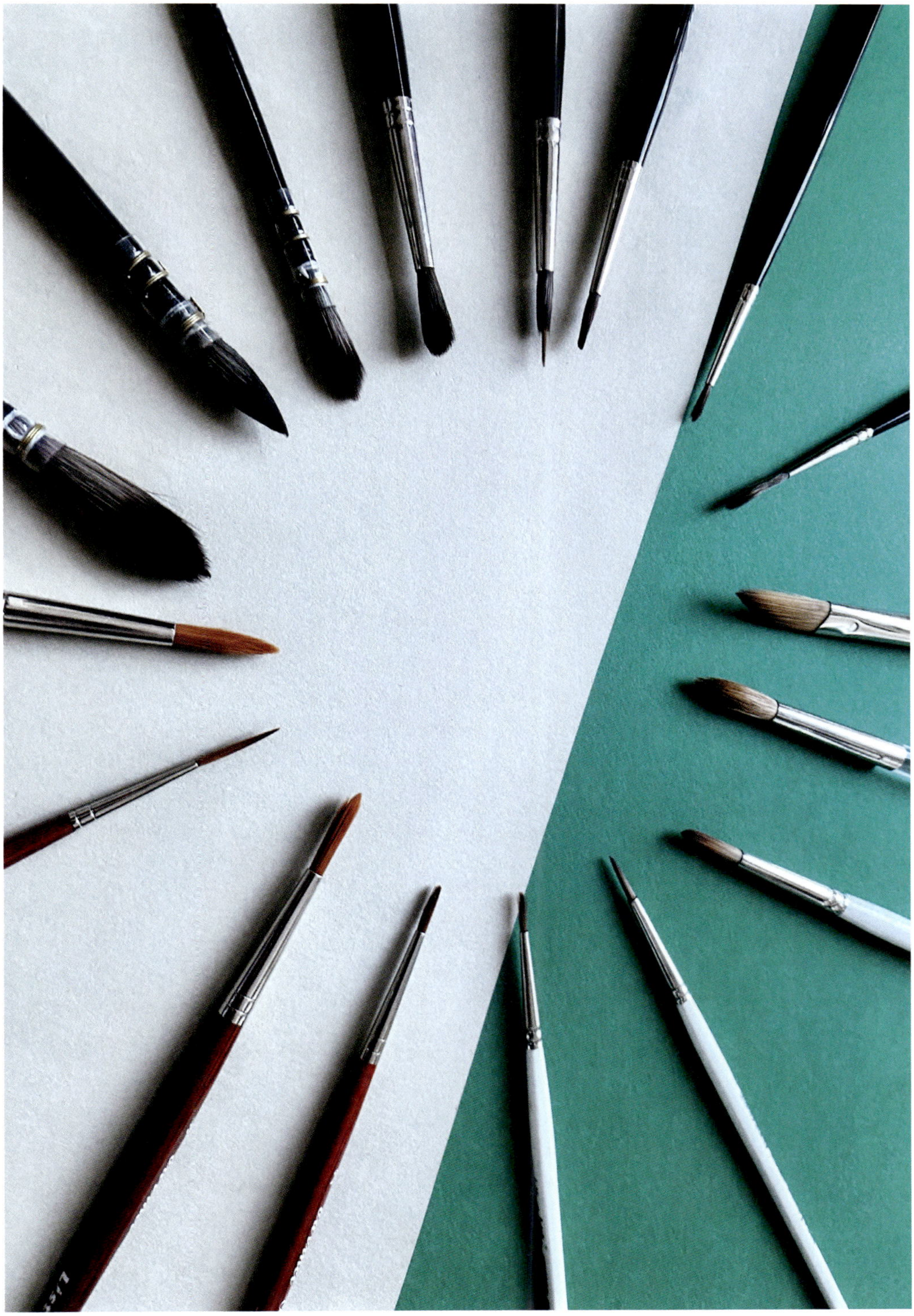

# Farbkombinationen & Harmonien

In diesem Abschnitt widmen wir uns erneut den wunderbaren Aquarellfarben. Diese lassen sich ganz hervorragend mischen und kombinieren. Worauf man dabei achten muss, um besonders tolle Ergebnisse zu erzielen, möchte ich dir im Folgenden zeigen.
Als Grundlage für das Mischen von Farben lege ich mir zunächst einen Farbkreis an. Diesen kannst du dir natürlich auch kaufen oder ausdrucken. Ich finde aber, dass sich diese Übung unbedingt lohnt, denn dadurch lernst du deine ganz individuellen Aquarellfarben und ihre Mischergebnisse besser kennen. Bestimmt ist dir der Farbkreis noch aus der Schule bekannt. Er veranschaulicht, dass man aus den drei Primärfarben Gelb, Blau und Rot die unterschiedlichsten Farbtöne mischen kann. Dabei hängt es letztendlich von deiner Präferenz ab, ob du die Farbtöne lieber selbst mischst oder ob du auf vorgemischte Farben der Hersteller zurückgreifst.

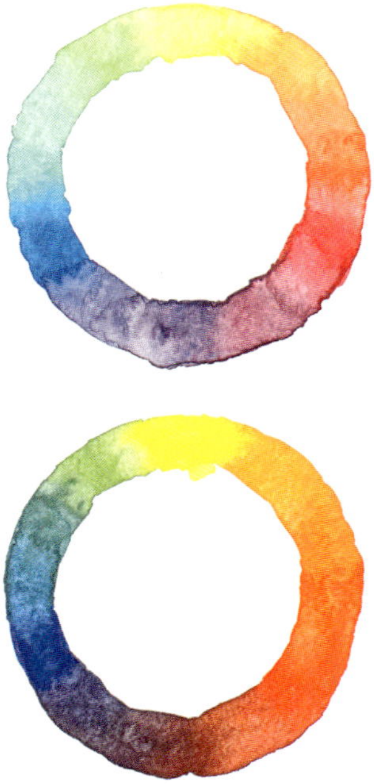

Farbkeise

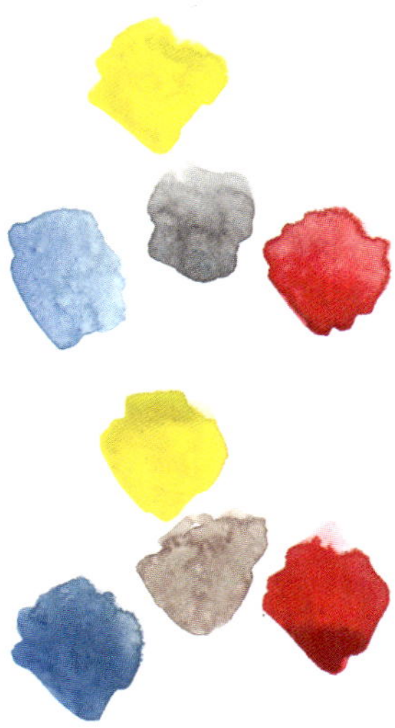

Primärfarben

Hier habe ich dir einmal zwei verschiedene Farbkreise aufgemalt. Je nachdem, welchen Gelb-, Rot- und auch Blauton du als deine Primärfarbe definierst, kann dein Mischergebnis komplett anders ausfallen. In meinem ersten Beispiel habe ich zunächst sehr strahlende Farben ausgewählt. Die Mischfarben verlieren dabei nicht an Strahlkraft. In dem anderen Beispiel habe ich jedoch wärmere Farben genommen. Die Mischfarben wirken deutlich wärmer und natürlicher, jedoch auch ein wenig dreckig. Vergleiche zum Beispiel einmal die zwei erzielten Violetttöne. Oft verstecken sich Pigmentmischungen in den einzelnen Aquarellfarben der Hersteller; das bedeutet, dass es nicht nur Ein-Pigment-Farben gibt. Mischt man dann einige dieser Mehr-Pigment-Farben zusammen, wird das Ergebnis oft nicht mehr so strahlend. Ich persönlich bevorzuge diesen abgetönten Look, aber das hängt natürlich von den individuellen Vorlieben ab. Greif dir einfach mal deine Farben und male dir ein paar Farbkreise aufs Papier.

## Farbenlehre

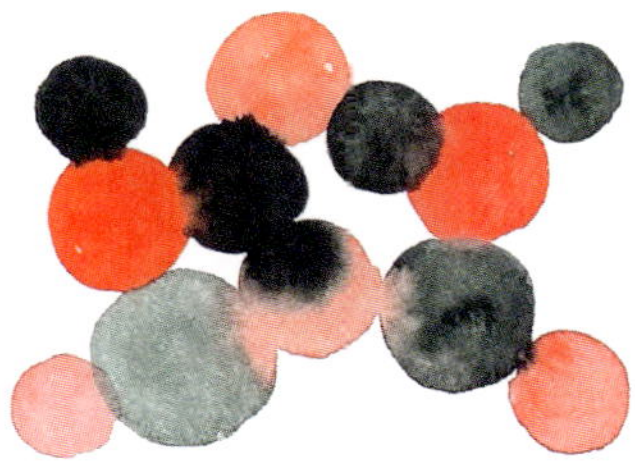

Komplementäre Harmonie

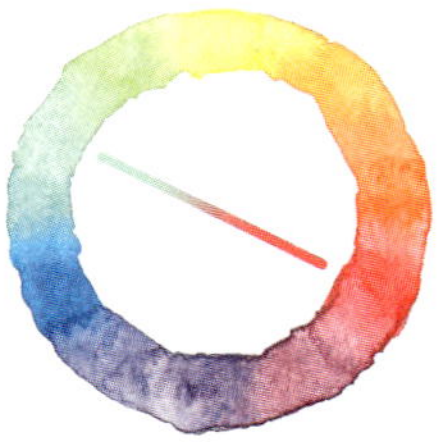

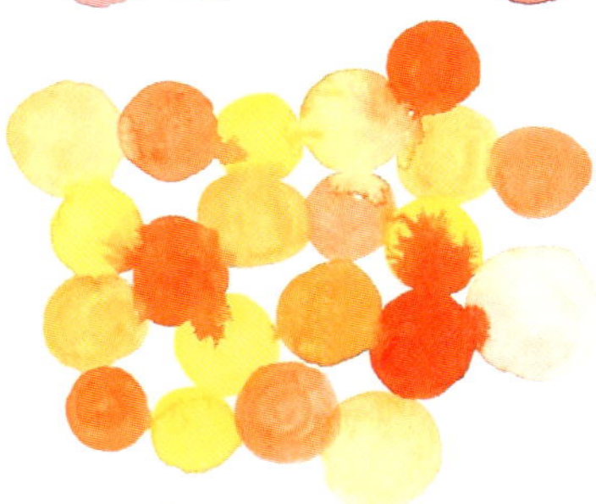

Analoge Harmonie

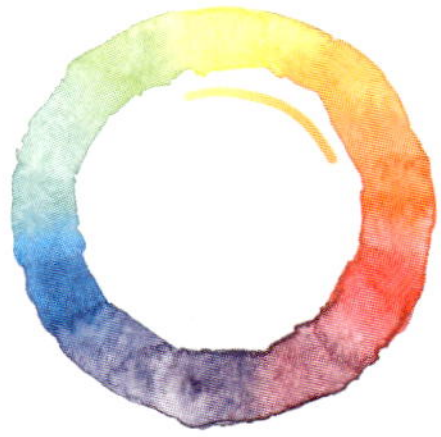

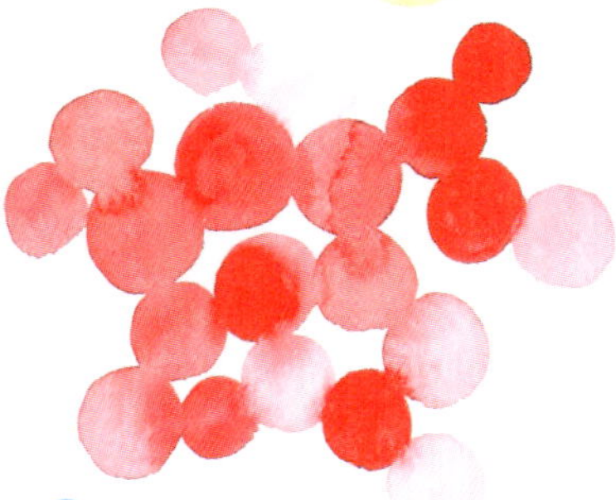

Monochrome Harmonie

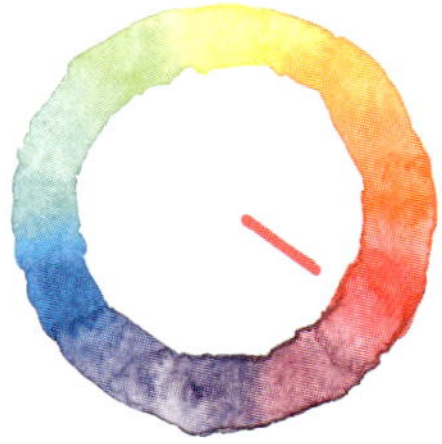

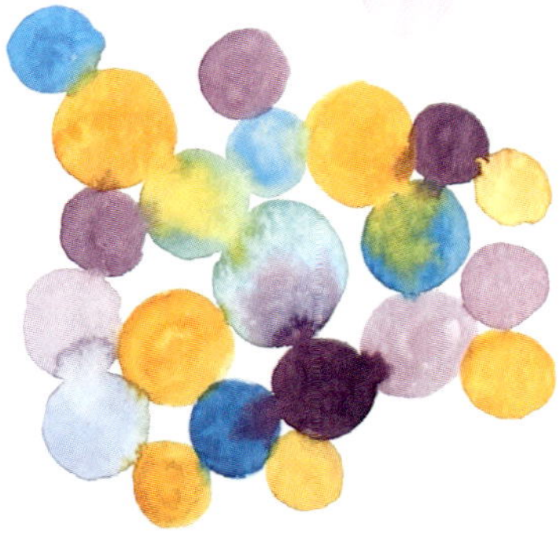

Dreiklang

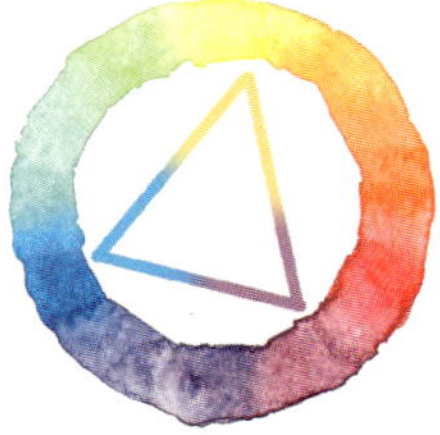

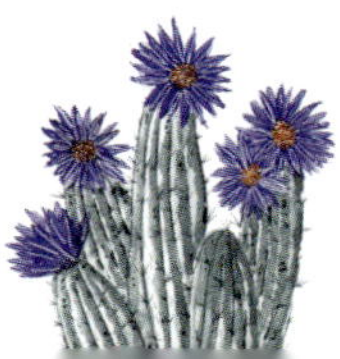

Vielleicht hast du schon mal den Begriff »Neutraltinte« gehört. Diesen Farbton findest du in fast jedem Herstellersortiment. Er beschreibt ein Grundprinzip der Farblehre: Wenn man nämlich die drei Primärfarben zu gleichen Teilen miteinander vermischt, erhält man einen grauen Farbton. Mischt man die Primärfarben hingegen zu ungleichen Teilen, entsteht ein bräunlicher Farbton.
Möchtest du also ein strahlendes Farbergebnis erzielen, solltest du solche Farbmischungen vermeiden. Findest du – wie auch ich – natürliche, abgedunkelte Farben schön, kannst du entweder Neutraltinte oder auch die drei Primärfarben zu deiner Farbmischung hinzugeben.
Mischt man je zwei Primärfarben miteinander, ergeben sich die sogenannten Sekundärfarben. Dann gibt es noch Tertiärfarben. Diese entstehen, indem man eine Primärfarbe mit einer im Farbkreis benachbarten Sekundärfarbe mischt.

## Farbharmonien

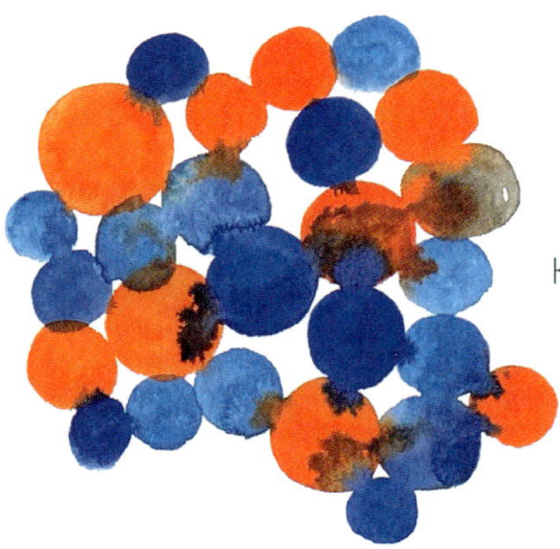

Komplementärer Dreiklang

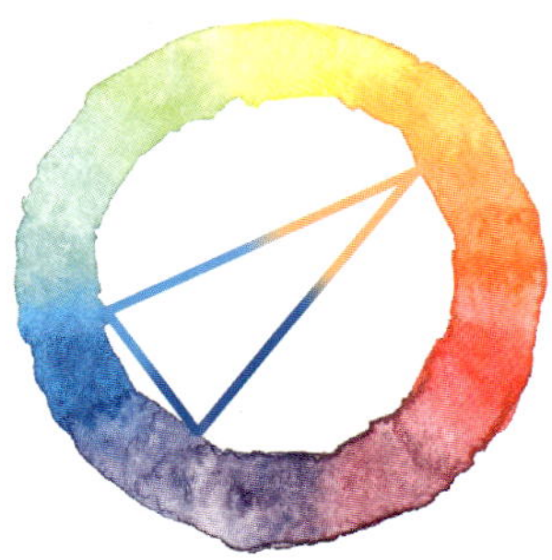

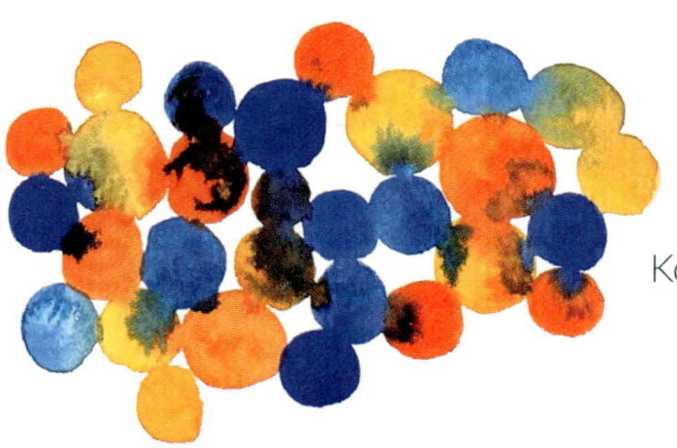

Komplementärer Vierklang

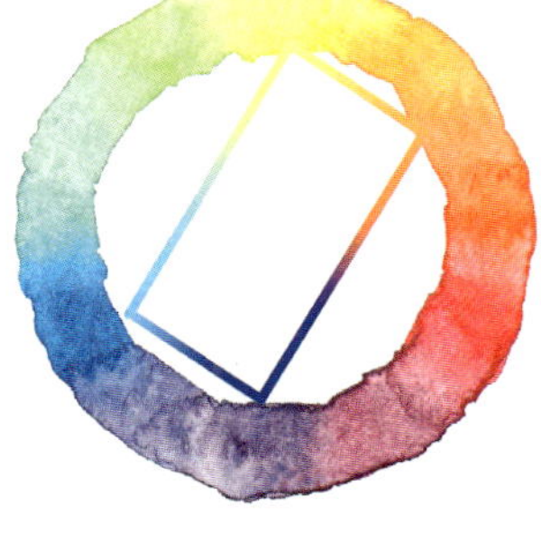

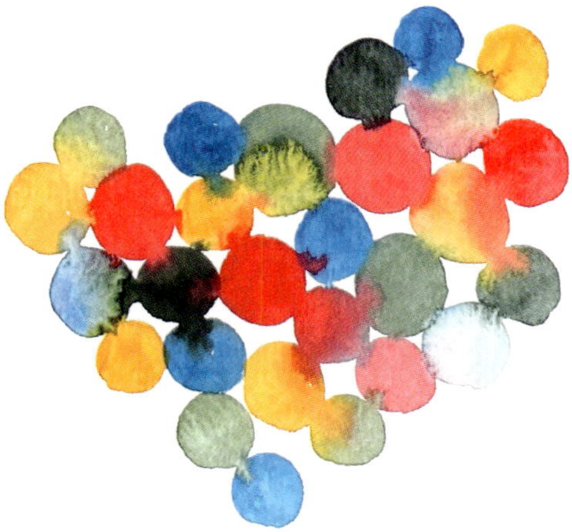

Vierklang

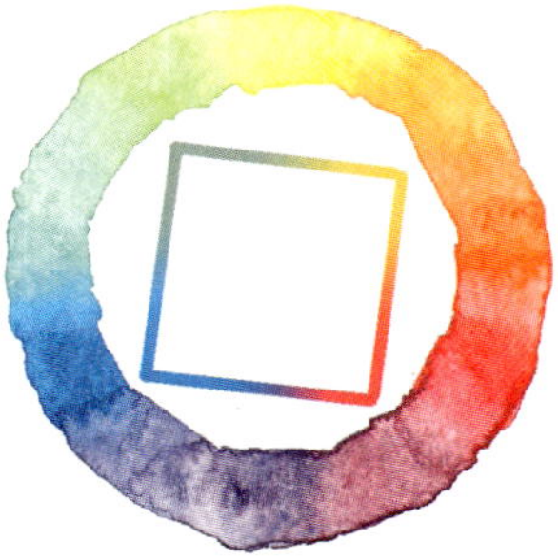

Wenn du in die Welt des Farbenmischens eintauchst, wirst du dich sicher bald fragen, welche Farben sich am besten kombinieren lassen. Diese Frage überfordert mich tatsächlich bis heute noch bei so manchen Motiven. Deshalb hoffe ich, dass dir ein paar meiner gesammelten Erfahrungen weiterhelfen werden.
Als Grundlage der Farbharmonien fungiert wiederum der Farbkreis. Das erste Beispiel könntest du auch noch aus der Schule kennen. Sogenannte Komplementärfarben liegen sich im Farbkreis gegenüber. Komplementäre Farben bringen sich gegenseitig zum Strahlen, daher wird der Kontrast als sehr stark wahrgenommen. Ein wunderbares Beispiel in der Welt der Grünpflanzen sind dabei Rot und Grün. Daher kommen Grünpflanzen in rötlichen Tontöpfen auch ganz besonders schön zur Geltung.
Eine analoge Farbharmonie (analoges Farbschema) besteht aus drei Farben, die im Farbkreis nebeneinanderliegen. Diese Variante wird auch gelegentlich als Ton-in-Ton beschrieben. Sie wirkt äußert harmonisch, einheitlich und ruhig.
Einen Spezialfall stellt zudem die Monochromie dar, sie ist gleichzeitig auch die einfachste Farbauswahl. Dabei verwendet man lediglich eine einzige Aquarellfarbe in den unterschiedlichsten Helligkeitsstufen und Tonwerten.

Eine durchaus praktische und zuverlässige Methode, harmonierende Farben auszuwählen, ist das Prinzip des harmonischen Drei- oder Vierklangs. Dabei kannst du dir ein gleichseitiges Dreieck oder Viereck zu Hilfe nehmen. Ich schneide mir dieses meist aus Papier zurecht und lege es so über meinen zwölfteiligen Farbkreis. Sobald du die geometrische Form drehst, findest du drei bzw. vier harmonische Farben, die du gut miteinander kombinieren kannst.

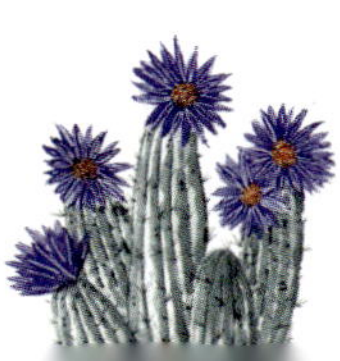

Darüber hinaus gibt es noch den sogenannten komplementären Drei- bzw. Vierklang. Dabei nutzt man ein gleichseitiges Drei- bzw. Viereck, wodurch man Farbkombinationen erhält, die etwas aufregender wirken als der klassische Drei- bzw. Vierklang.

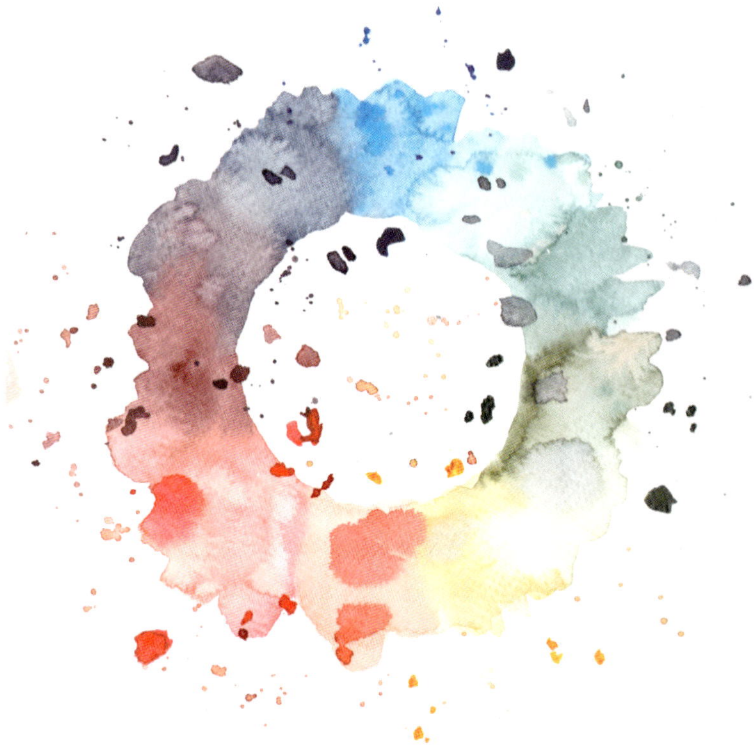

# Farbsättigung & Transparenz

Nicht nur durch die Farbmischung, sondern auch durch den Tonwert und die Transparenz deines Farbtons kannst du zusätzlich Vielfalt erschaffen. Die eigene Transparenz des Pigments kannst du beispielsweise mit der Zugabe von Wasser zusätzlich erhöhen. Eine weitere Möglichkeit stellt die Zugabe von einem weißen Pigment dar, in etwa so wie das Deckweiß in der Schule. Hierdurch hellst du die Aquarellfarbe zwar optisch auf, allerdings wird sie auch deutlich cremiger und kreidiger, womit sie an Transparenz verliert. Dies ist besonders bei Pastellfarben schön. In der Regel nutze ich aber lediglich Wasser, um meine Aquarellfarben aufzuhellen.

Aufhellen (oben mit Wasser, untere Reihe mit Weiß)

Die Sättigung einer Farbe beschreibt ihre Farbintensität. Oftmals werden sehr reine und leuchtende Farben als farbintensiv wahrgenommen. Ich hatte ja bereits erwähnt, dass ich eher Fan von natürlichen Farbmischungen bin. Hierbei kannst du durch Zugabe von Schwarz, Grau oder Brauntönen die Farben entkräften und natürlicher mischen. Man spricht dabei von einer Entsättigung, ich nenne diesen Vorgang meist Abtönen.

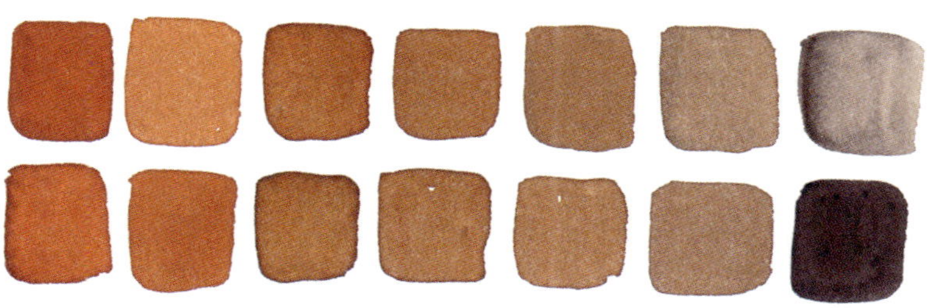

Abdunkeln (oben mit Sepia, unten mit Neutraltinte)

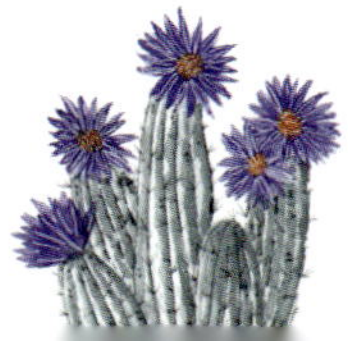

## Übung

An dieser Stelle möchte ich dir noch mal eine Übung nahelegen, die sowohl die Farbtransparenz als auch das Mischen an sich verbindet. Du kannst die Übung natürlich genauso gut mit dem Abtönen verbinden. Die Übung der Mischrechtecke hat sich über die Jahre in meinen Workshops bewährt.

## Übung Mischrechteck

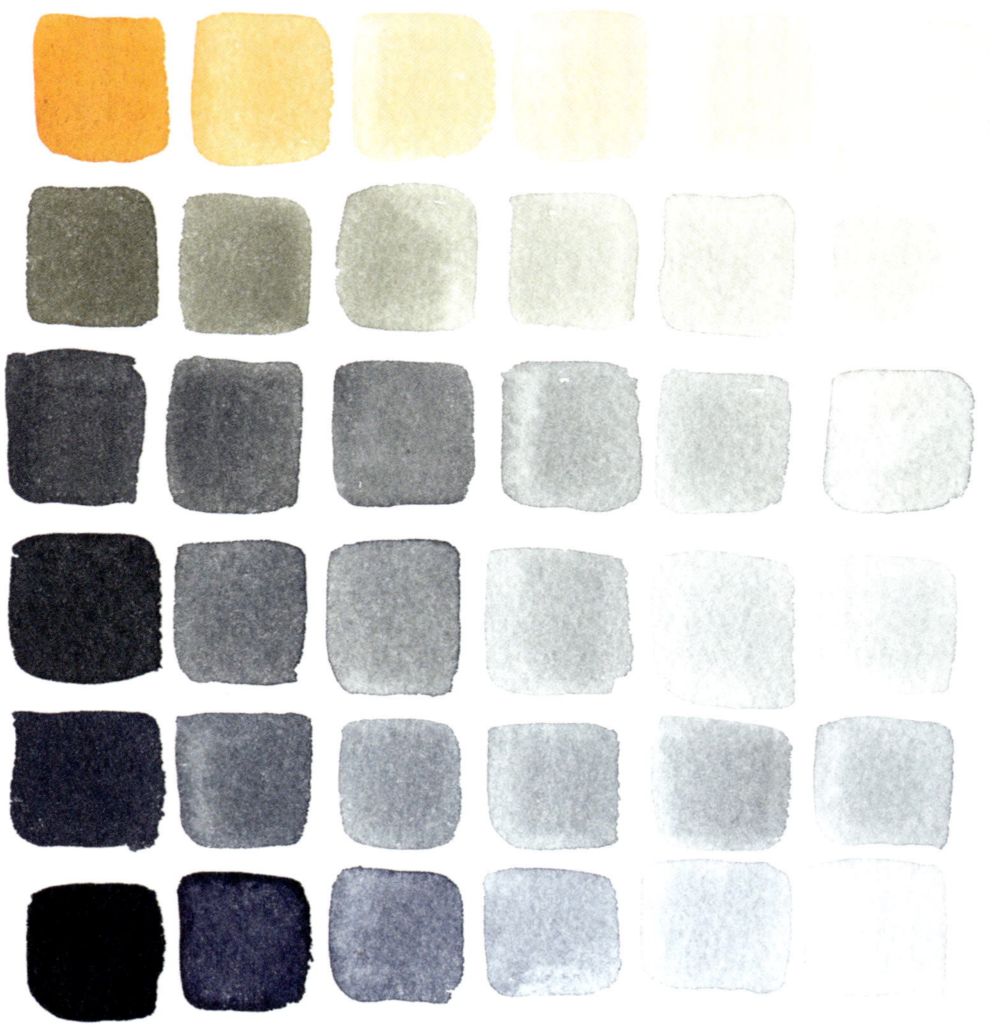

In einem Mischrechteck werden die Farben von links nach rechts jeweils stufenweise mit Wasser aufgehellt. Dabei sind unten und oben zwei reine Farbtöne aufgetragen. In diesem Fall Indischgelb oben und Indigo unten. Die Reihen zwischen den reinen Farben stellen dann unterschiedliche Mischverhältnisse dar, die jeweils wieder von links nach rechts aufgehellt werden. So kannst du mit nur zwei Farbtönen und ein wenig Wasser viele verschiedene tolle Töne erschaffen. Wie du siehst, braucht es dafür gar nicht viel!

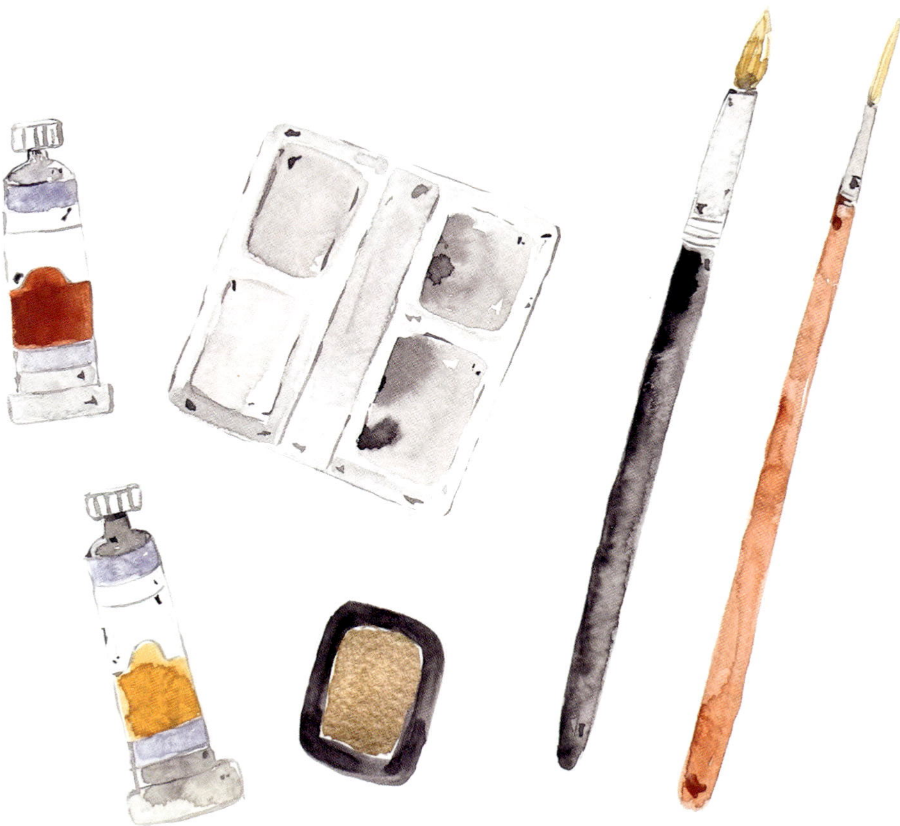

# Exkurs Gouache

Ja, du hast richtig gelesen, in diesem Buch gibt es nicht nur Loose-Watercolor-Grünpflanzen. Ein neues Thema, das mich sehr begeistert, ist Gouache. Du hast noch nie davon gehört? Gar kein Problem! Gouache ist eine einzigartige Farbe, die sich beim Auftragen wie Wasserfarbe verhält, aber deckend wie Acrylfarbe wirkt. Im Vergleich zu den Acrylfarben, die du wahrscheinlich schon kennst, trocknen Gouachefarben jedoch matt und nicht glänzend.
Ein großer Vorteil für mich persönlich liegt darin, dass man für Gouache keine neuen Materialien benötigt – bis auf die Farben. Du kannst dein Aquarellpapier und deine gewohnten Pinsel weiterverwenden. Es folgen einige Einsteigertipps für dich, wie du dich ganz leicht mit Gouachefarben vertraut machen kannst.

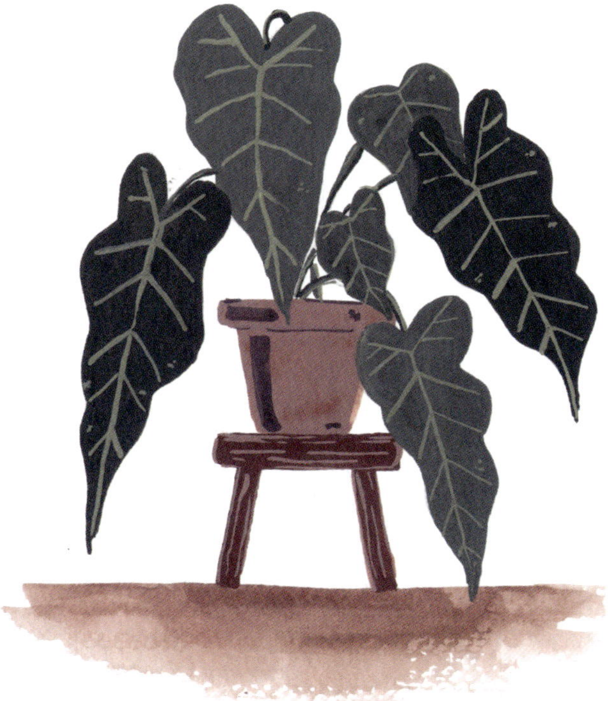

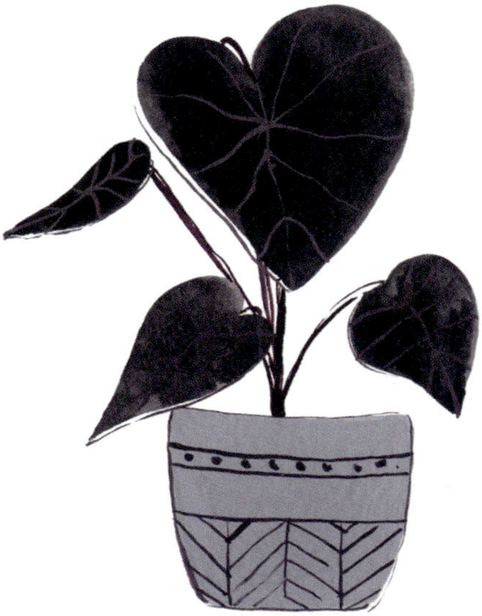

## Pinsel

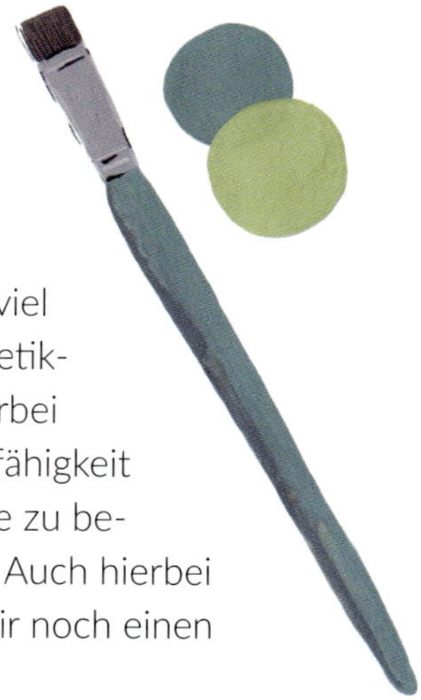
Gouachepinsel und deckender Farbauftrag

Das tolle an Gouache ist, dass du deine Aquarellpinsel auch für dieses Medium verwenden kannst. Ich habe mir trotzdem ein separates Pinselset zugelegt, das in der Anschaffung sogar noch günstiger als meine Aquarellpinsel. Da die Gouachefarben viel dickflüssiger bzw. pastöser sind, funktionieren nahezu alle Synthetikhaarpinsel für dieses Medium – auch sehr preiswerte Pinsel. Hierbei kommt es auch nicht unbedingt auf eine hohe Wasseraufnahmefähigkeit an. Im Gegenteil: Die Pinsel sind etwas schwieriger von der Farbe zu befreien, daher greife ich gerne auf glattere Synthetikhaare zurück. Auch hierbei finde ich Rundpinsel am geeignetsten. Außerdem empfehle ich dir noch einen großen Flachpinsel für die Hintergründe.

## Mischpalette

Für Gouachefarben möchte ich dir auf jeden Fall auch eine Mischpalette ans Herz legen. Ich verwende selbst oft mehrere Teller, da schnell viel Farbe zusammenkommt – anders als bei Aquarellfarben. Zusätzlich empfehle ich dir zum Mischen der Farben ein Palettenmesser. Dies verhindert, dass du die Farbe zu sehr in deine Pinsel einarbeitest und sie am Ende überall ist. Es gibt auch spezielle Gouachepaletten mit tiefen Fächern und einem luftdichten Deckel. Damit habe ich nicht so gute Erfahrungen gemacht, da man die Farben von dort mit dem Pinsel nur schwer aufnehmen kann. Sollten meine Farben mal auf meinen Mischpaletten und Tellern trocknen, kann man sie super mit ein wenig Wasser reaktivieren.

## Papier

Was das Material betrifft, kannst du dasselbe Papier benutzen, das du auch für deine Aquarellfarben verwendest. Wenn du sehr deckend malst, kommt es dabei auch nicht so sehr auf die Oberflächenbeschaffenheit an. Ich setze daher sehr gerne satiniertes oder auch buntes Papier ein. Gerade auf einem dunklen Hintergrund kommen die deckenden Farben wunderbar zur Geltung.

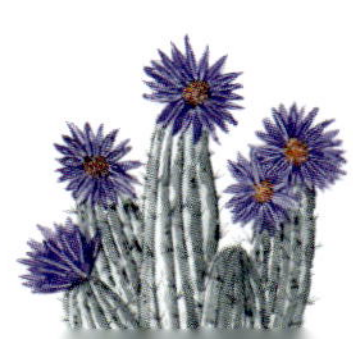

## Farben

Die Auswahl an Farben ist im Gouachebereich etwas geringer als im Aquarellsortiment der Hersteller. Dabei gibt es oftmals eine Studienqualität im günstigen, aber auch eine Künstlerqualität im eher höheren Preissegment. Ich habe Gouachefarben der verschiedensten Hersteller und Preissegmente getestet und komme mit der Studienqualität nicht so gut zurecht. Sie enthält oft mehr Bindemittel und lässt sich nicht so deckend verarbeiten. Meist kannst du dann die Farben mit einem hochwertigen Weiß mischen oder mehrmals schichten. Für den Anfang empfehle ich ein sogenanntes Primärfarbenset inklusive Schwarz und Weiß in einer Künstlerqualität. Mit einem solchen Set kannst du dir alle erdenklichen Farben für den Start mischen und das Medium kennenlernen. Je nach Hersteller gibt es diese Sets bereits für 15 bis 20 Euro. Generell mischt man im Gouachebereich viel mehr, da es eine kleinere Farbauswahl gibt. Dies ist am Anfang etwas gewöhnungsbedürftig, macht mir aber total viel Spaß.

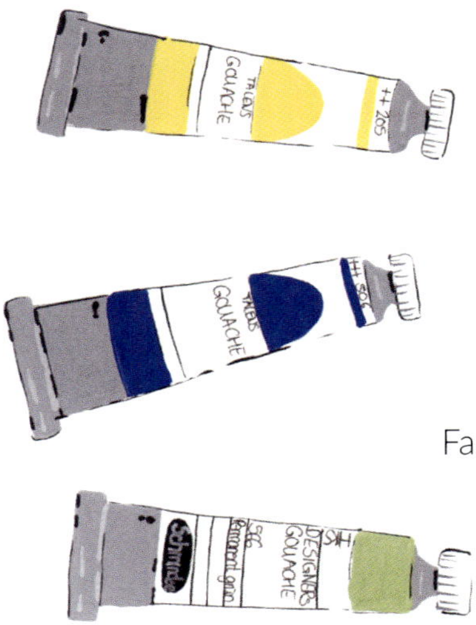

Gouache-Farben

## Aufhellen und Abdunkeln

Für den Farbauftrag möchte ich dir zunächst empfehlen, die Farben auf eine Mischpalette zu geben und mit ein wenig Wasser die Konsistenz so anzupassen, dass du die Farben gut verarbeiten kannst. Beachte dabei nur, dass man Gouachefarben mit Weiß mischt, um sie aufzuhellen, und nicht mit Wasser wie bei der Aquarellmalerei. Wenn du Gouachefarben mit Wasser mischst, verlieren sie an Deckkraft. Dies ist am Anfang eine kleine Umstellung, aber auch hier hilft die Übung mit dem Mischrechteck, die du bereits aus den Aquarellgrundlagen kennst. Gouachefarben bekommen durch das Mischen mit Weiß einen tollen deckenden, pastelligen Look. Oftmals trocknen sie jedoch anders, als sie nass aussehen. Lass dich davon nicht verunsichern! Am besten legst du dir hierfür am Anfang Farbkärtchen an.

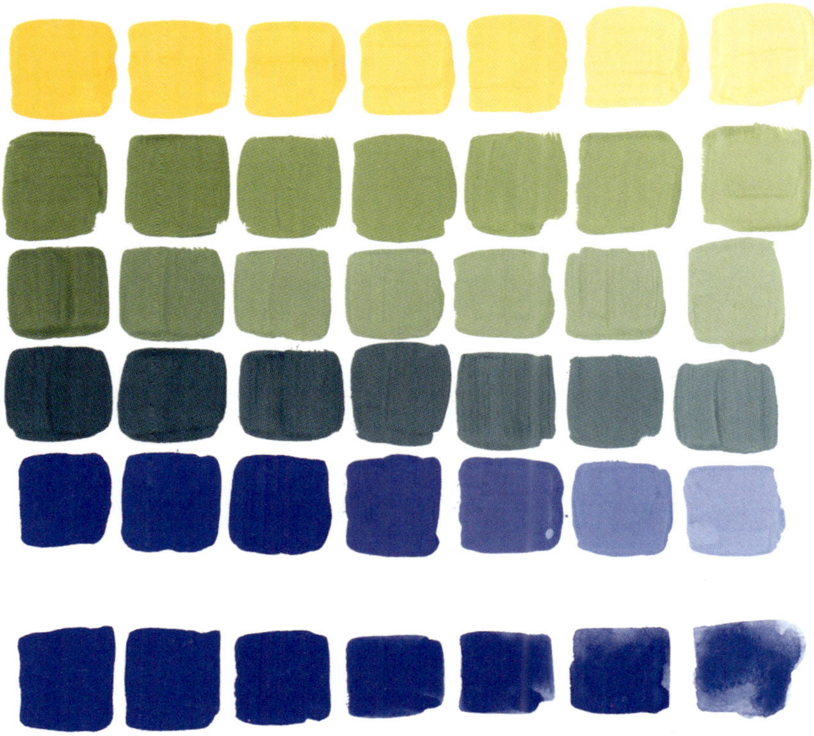

Aufhellen/Gouache (Die oberen fünf Reihen wurden mit Weiß aufgehellt, die unterste mit Wasser.)

## Grundtechniken

### Layering

Aufgrund der deckenden Eigenschaft von Gouachefarben kannst du sie wunderbar schichten. Dabei kannst du sogar helle auf dunkle Farben auftragen und auch Fehler ausbessern, indem du einfach eine zusätzliche Schicht Gouache darübergibst.
Achte beim Schichten lediglich darauf, dass du deckend arbeitest. Ansonsten hast du ein ähnliches Problem wie bei Aquarellfarben, dass man die hellen

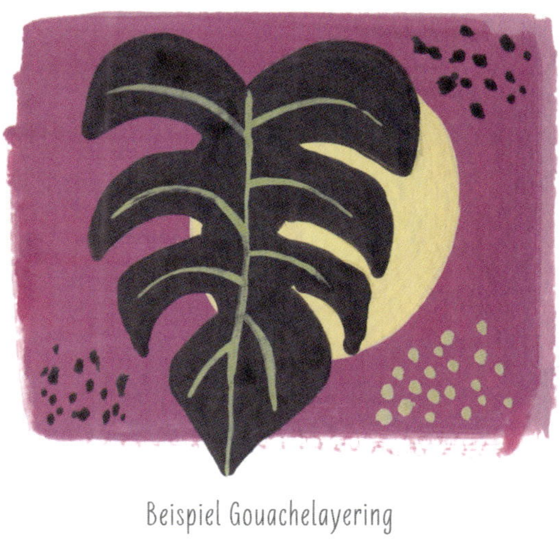

Beispiel Gouachelayering

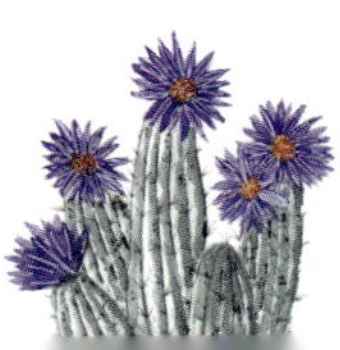

nicht auf dunklen Farben sieht. Zudem sollten die Schichten immer gut trocknen. Ich liebe diesen Vorteil an Gouachefarben und finde, dass dieser Look wirklich einzigartig ist.

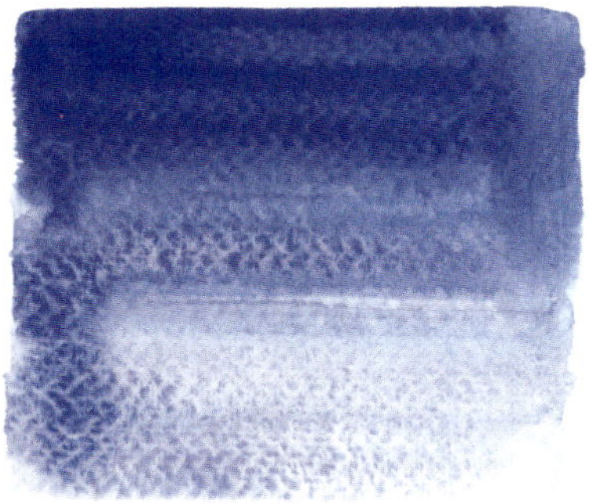

Beispiel Farbverläufe in Gouachetechnik

## Verblenden

Wenn du die Gouachefarben mit Wasser vermischst, kannst du ähnliche Effekte wie bei der Aquarellmalerei erzielen. Gerade für Hintergründe kann es zum Beispiel einen tollen Effekt geben, die Farben mit Wasser ineinander zu verblenden. Dabei kannst du auch mehrere Farben ineinander verblenden.

## Trockener Pinsel

Als letzte Gruntechnik möchte ich dir den »trockenen Pinsel« vorstellen. Hierbei verwendet man nur wenig Wasser, um die Farbe anzumischen, und die Konsistenz kann ruhig klebrig sein. Wenn du diese Farbe dann mit einem relativ trockenen Pinsel aufträgst, sieht man die einzelnen Pinselstriche auf dem Papier sehr deutlich. Ich mag diesen Effekt besonders gerne, um Hintergründe auszublenden, und ebenso für jegliche Strukturen.

Beispiel »Trockener Pinsel« in Gouachetechnik

# Deinen eigenen Stil finden

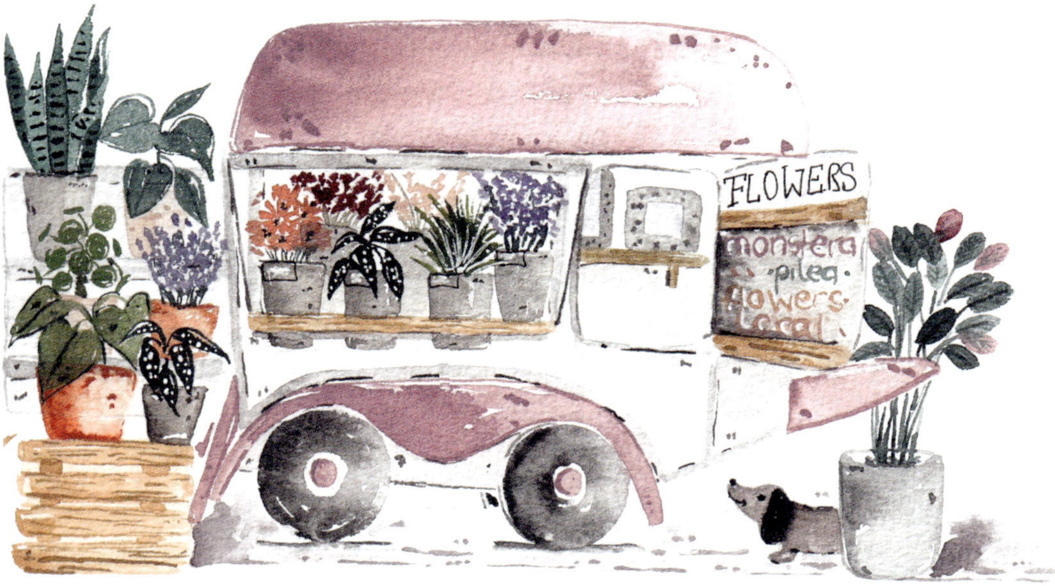


Den eigenen Stil zu finden ist für die meisten Künstler:innen eine ziemliche Mammutaufgabe. Daher möchte ich hier kurz darauf eingehen in der Hoffnung, dass ich dir etwas die Angst davor nehmen kann. Der Prozess der eigenen Stilentwicklung passiert nämlich ganz automatisch und spielt sich zum größten Teil unterbewusst ab.

Am Anfang jeder Kreativreise stehen meist bestimmte Inspirationsquellen und Vorbilder, denn niemand beginnt ohne einen Anreiz seine ganz persönliche Kreativreise. Ich habe vor allem am Anfang auf Instagram, Pinterest und in Büchern nach Anleitungen und Inspirationen gestöbert. Natürlich ging es erst einmal darum, die Technik zu erlernen und bis zu einem zufriedenstellenden Grad zu beherrschen. Dies hat bei mir auch eine Weile gedauert, wobei mir persönlich Workshops am meisten gebracht haben. Die kleinen Tipps und Tricks, die man aus einem Instagram-Post oder einer Anleitung nicht herauslesen, aber in einer Live-Session mitbekommen konnte, waren wirklich toll. Sobald ich diese Hürde genommen hatte, habe ich mich immer mehr mit der Frage beschäftigt, wie man einen eigenen Stil entwickelt. Dabei sind meiner Meinung nach folgende Punkte ausschlaggebendt

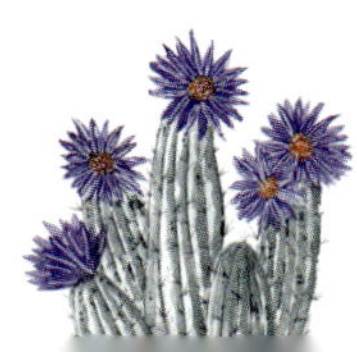

- Motivauswahl
- Farbauswahl
- Medium
- Format
- Strichführung
- Detailtiefe vs. Abstraktion

Alles steht und fällt mit deiner Motivauswahl. Natürlich kannst du das Rad nicht mit jedem Motiv neu erfinden, aber darum geht es auch gar nicht. Ich male zum Beispiel sehr gerne Loose-Watercolor-Florals, Urban Watercolor und eben Grünpflanzen. Ab und zu darf es auch mal eine Landschaft sein, aber eher selten. An Tiere oder gar Menschen habe ich mich bisher noch nicht herangetraut, und das ist auch völlig okay so. Schließlich muss man nicht alles malen können und wollen.
Als Nächstes ist die Farbauswahl wichtig. Das mehr oder weniger gleiche Motiv kann aufgrund einer unterschiedlichen Farbauswahl eine komplett andere Stimmung hervorrufen. Ich denke, dass die Farbauswahl auch das Thema ist, mit dem sich die meisten Künstler:innen viel beschäftigen. Einen Wiedererkennungswert zu schaffen, indem du immer und immer wieder dieselben Farben verwendest, funktioniert besonders gut, wenn du dich auf eine kleine Farbauswahl beschränkst. Ich selbst wünsche mir zwar immer, dass meine Bilder schon anhand der Farbauswahl zu erkennen sind, jedoch bin ich viel zu farbverrückt, um dies auch wirklich konsequent

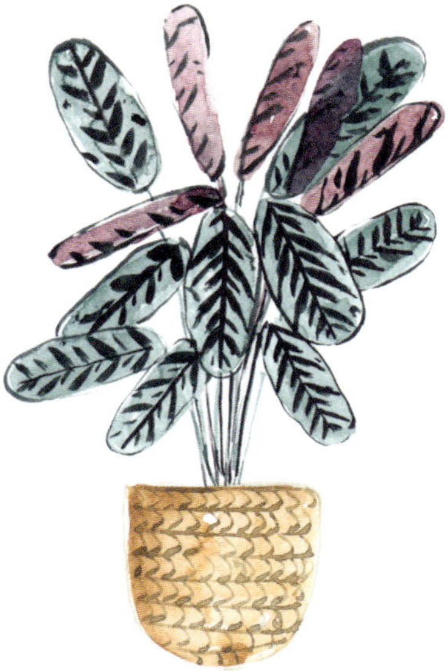

umzusetzen. Ich lasse mich bei der Farbauswahl für die Motive oft von Fotos oder Vorlagen aus dem wahren Leben inspirieren. Dies ist ein weiterer Punkt, warum mir eine konsequente Farbgebung schwerfällt.

Ein weiterer entscheidender Punkt ist natürlich auch die Auswahl des Mediums. Ich kenne tolle Urban-Sketching-Künstler:innen, die beispielsweise Aquarellfarben und Fineliner bzw. Füller kombinieren. Aquarellfarben kann man natürlich auch mit Gouache oder anderen Medien wie zum Beispiel Buntstiften zusammenbringen. Auch dies macht deine Kunst einzigartig.

Lange unterschätzt habe ich hingegen das Format. Für Aquarellillustrationen verwende ich am liebsten eine Größe, die zwischen A5 und A4 liegt. A6 ist mir deutlich zu klein und filigran, und alle größeren Formate führen bei mir dazu, dass ich die Illustrationen oft nicht als schön empfinde. Ich denke, das hat vor allem mit der Strichführung, aber auch mit der Detailtiefe zu tun. Sobald man auf einem größeren Format malt, bekommen natürlich auch andere Details ihren Raum. Zudem habe ich das Gefühl, dass ich meine gewohnte Strich- bzw. Pinselführung auf einem größeren Format nicht so gut umsetzen kann.

Zuletzt spielt oftmals auch der Grad der Abstraktion eine entscheidende Rolle – gerade beim Loose Watercolor. Denn wie du bereits gesehen hast, gibt es die verschiedensten Möglichkeiten, Loose Watercolor umzusetzen: von ganz locker, leicht und abstrakt bis hin zu einem detaillierten Ergebnis. Ich selbst bevorzuge einen lockeren Stil, der gerade bei Blumen leichter umzusetzen ist und schöne Wirkungen erzielt. Wie du im Laufe des Buches feststellen wirst, ist hier vieles mit kleinen Details, mehreren Schichten und Schatten ausgestaltet. So bestimmt eben auch deine Motivwahl zu einem bestimmten Teil mit, wie stark du abstrahieren kannst oder auch möchtest. Zudem bin ich ein großer Fan von weißen Flecken (Weißräumen) und Tupfen. Dieser Stil mag zwar etwas grob und unaufgeräumt aussehen, aber er haucht den Loose-Watercolor-Motiven viel Leben ein. Allerdings kenne ich auch Künstler:innen, die viel feiner und ordentlicher malen, und auch das finde ich ganz toll.

Ein Tipp von mir: Frage einfach mal eine Freundin oder einen Freund, was deine Bilder für sie/ihn ausmachen, denn oftmals erkennt man den Wald vor lauter Bäumen nicht.

Zu guter Letzt ist es aber so, dass der eigene Stil nie in Stein gemeißelt sein wird. Er unterliegt einer stetigen Veränderung. Daher liebe ich es, auf ältere Bilder von mir zu blicken und meine Kreativreise im Kopf nochmals durchzugehen. Nun freue ich mich darauf, dich bei deiner Kreativreise begleiten zu dürfen!

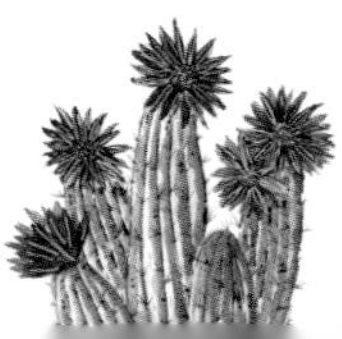

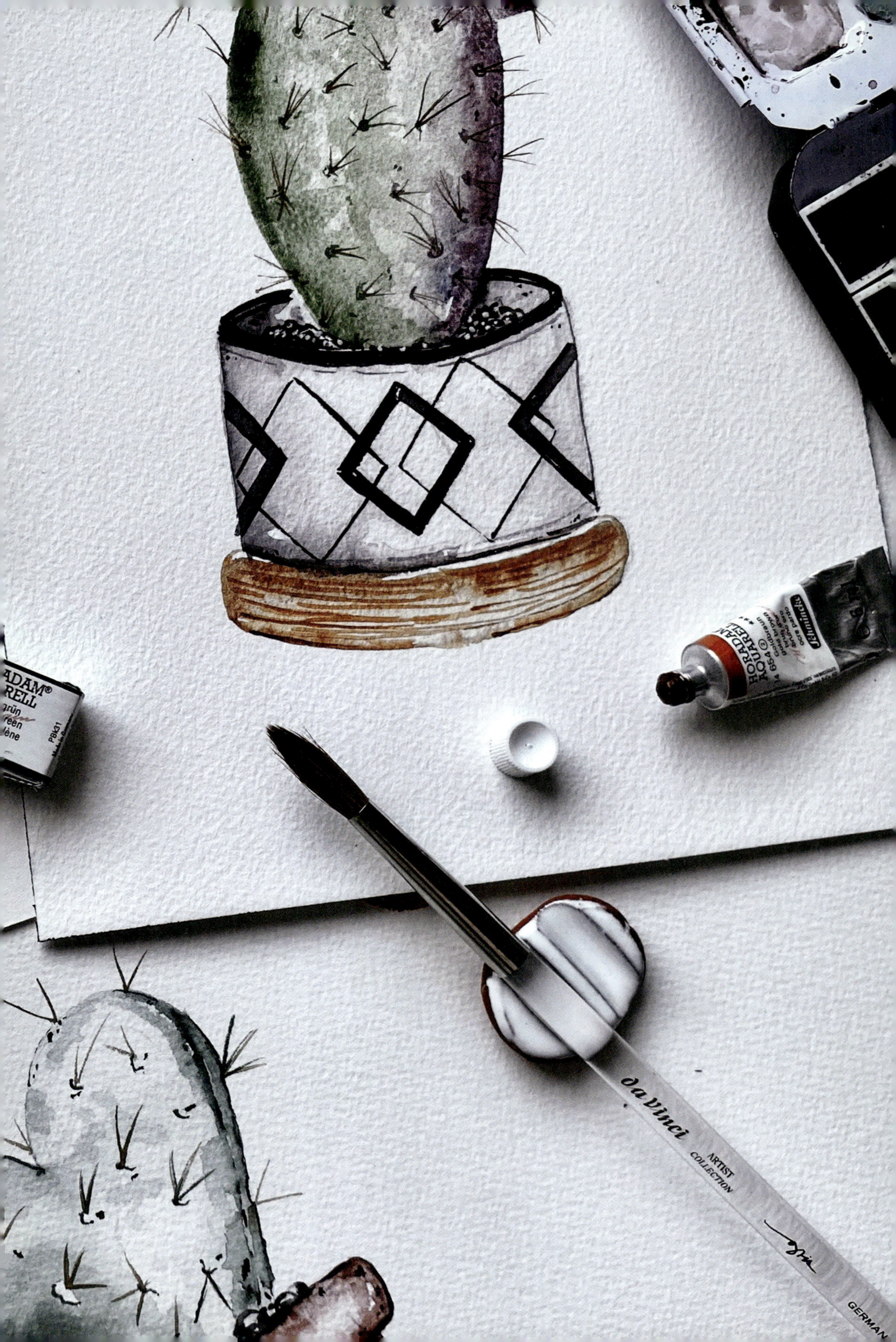
da vinci
ARTIST
COLLECTION
GERMAN

# Kakteen

Nachdem du nun die Grundlagen für Aquarell- und Gouachemalerei kennengelernt hast, geht es nun in die Tiefe. Wir tauchen zunächst in die Welt der Kakteen ein. Hierbei zeige ich dir jeweils Schritt für Schritt wie du die einzelnen Grünpflanzen umsetzen kannst. Auf die Pinsel – fertig – los!

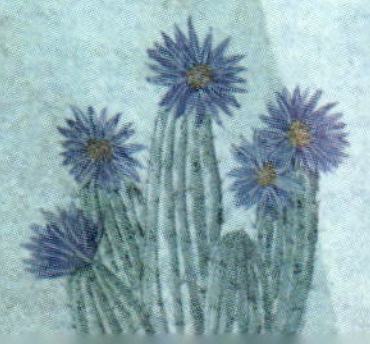

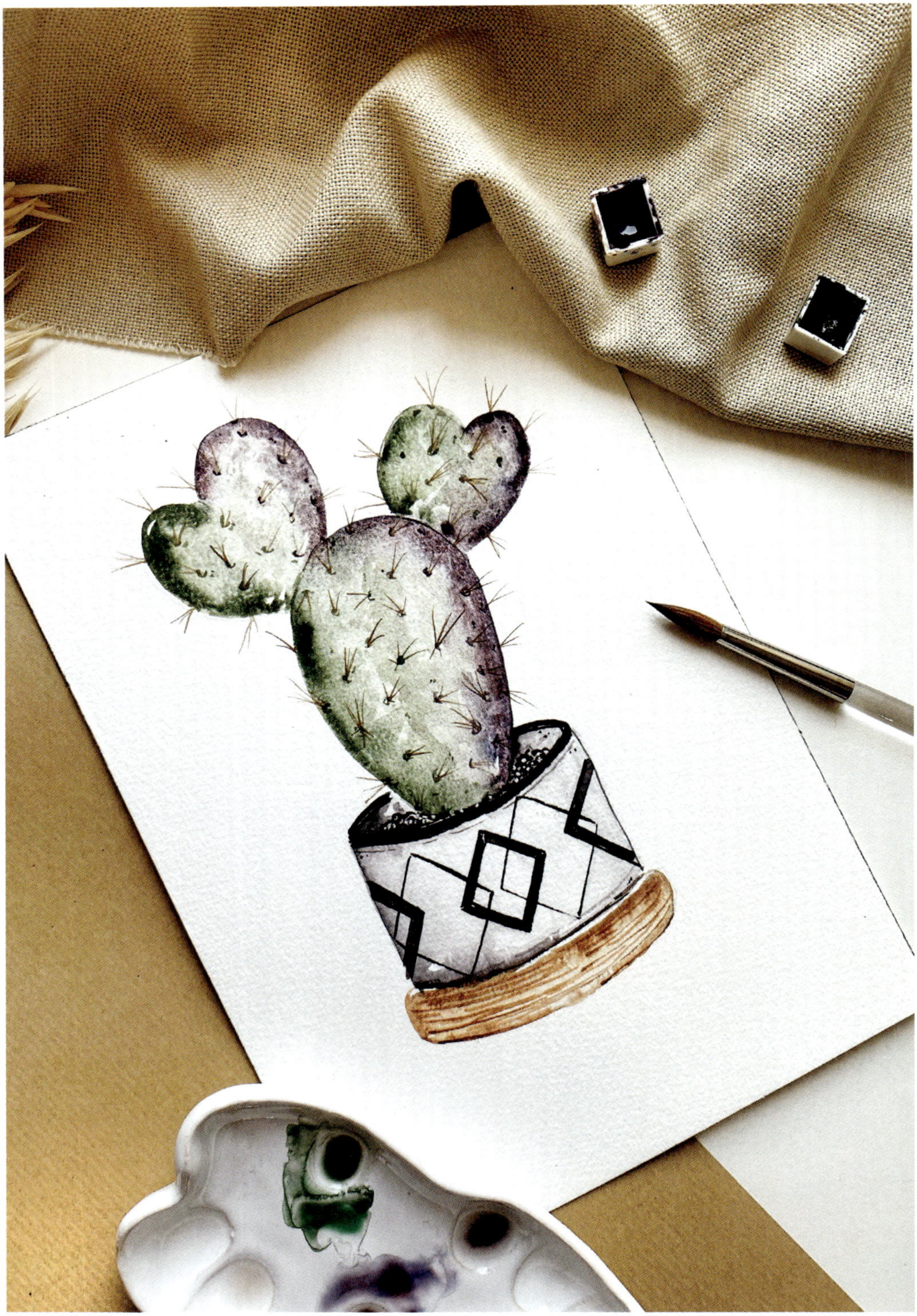

# Kaktus 1

Bei unserem ersten Kaktusmotiv möchte ich noch mal verstärkt die Nass-in-Nass-Technik anwenden. Besonders schön finde ich dabei den Übergang von Grün- und Pinktönen, denn Grünpflanzen müssen nicht immer nur grün sein!

## Material

**Aquarellfarben: Neutraltinte, Sepiabraun rötlich, Goldbraun, Tundra rosa, Waldbraun**
**Rundpinsel in den Größen 0 und 6**
**Baumwoll-Aquarellpapier 300 g/m² matt**

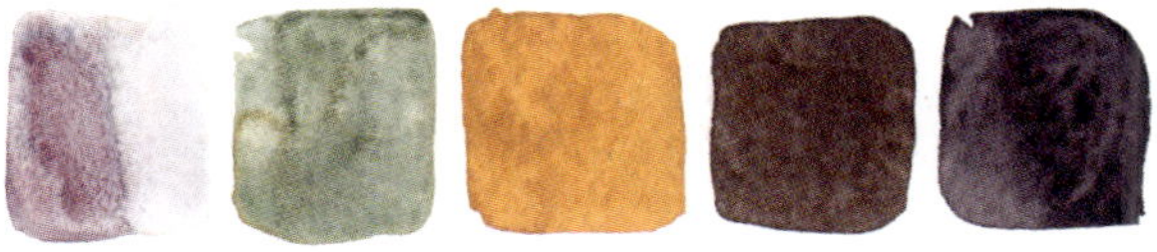

## So wird's gemacht

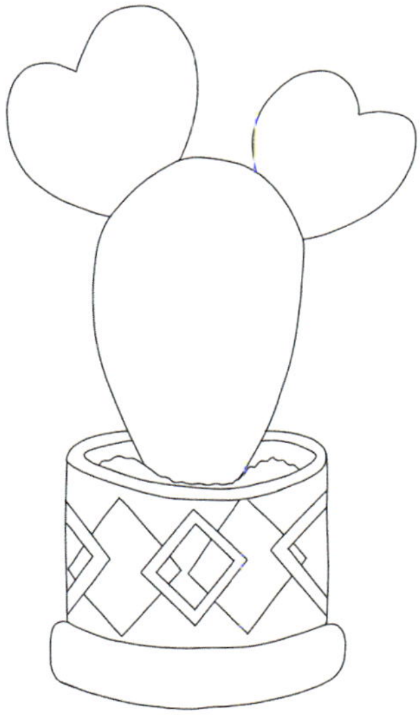

Mit einer Vorzeichnung kannst du dir viel Arbeit bei den weiteren Schritten ersparen. Sie hilft dir, dich voll und ganz auf die Farbverläufe und die kleinen Details zu konzentrieren. Ich zeichne super gerne mit einem hellgrauen Aquarellbuntstift vor, denn dieser ist nach dem Farbauftrag wie von Zauberhand wieder verschwunden.

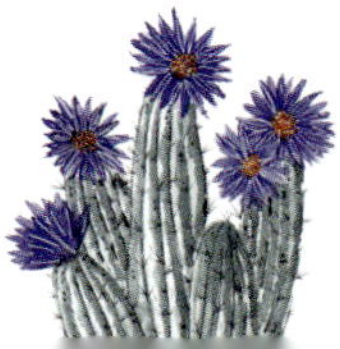

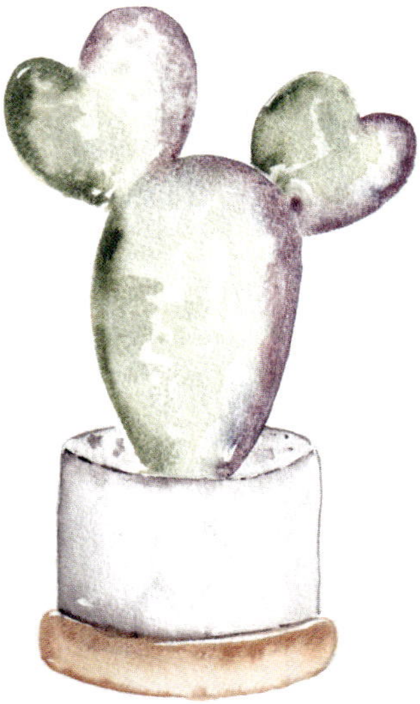

Im zweiten Schritt erfolgt die Grundierung, die ich hauptsächlich nass-in-nass male. Dabei beginne ich zunächst mit den verschiedenen Kaktusbereichen und grundiere sie mit meinem Rundpinsel der Größe 6 und klarem Wasser. Dabei solltest du darauf achten, dass die Fläche gleichmäßig benetzt ist und sich keine Pfützen bilden. Wenn du schräg auf dein Papier schaust, sollte es leicht und gleichmäßig glänzen. Anschließend den Pinsel an einem Tuch abtupfen und pigmentierte Farbe aufnehmen. Diese tupfe ich an die Ränder meines Kaktus und beobachte, wie die Farbe verläuft. Ich arbeite abwechselnd mit Grün und Pink, damit sich ein wirkungsvoller Verlauf bildet. Auch den Topf grundiere ich in derselben Technik und mit einem Grauton (Neutraltinte). Den Holzfuß grundiere ich mit Goldbraun. Wenn du benachbarte Flächen grundieren willst, warte einen kleinen Moment, bis die Grenzen bereits angetrocknet sind. So verhinderst du, dass die verschiedenen Farben ineinanderlaufen.

Die Grundierung lasse ich gut durchtrocknen. Anschließend setze ich mit einem feinen Rundpinsel in der Größe 0 das Muster in einer zweiten Schicht auf den Topf. Hierfür mische ich mir den Farbton Neutraltinte mit weniger Wasser zu einem dunklen Ton an. Um die breiten Striche zu ziehen, kannst du den Pinsel mit der ganzen Fläche auf das Papier drücken, ähnlich wie wir es in den Grundlagen geübt haben. Für die feinen Striche hältst du den Pinsel möglichst senkrecht und ziehst ihn über das Papier. Den Holzfuß strukturiere ich ebenfalls mit einem dunkleren Goldbraunton, den ich mit weniger Wasser anmische. Hierbei male ich lockere, leicht gewellte Striche, um eine Holzmaserung anzudeuten. Dabei kannst du auch gerne hier und da einen Farbklecks hinzufügen.

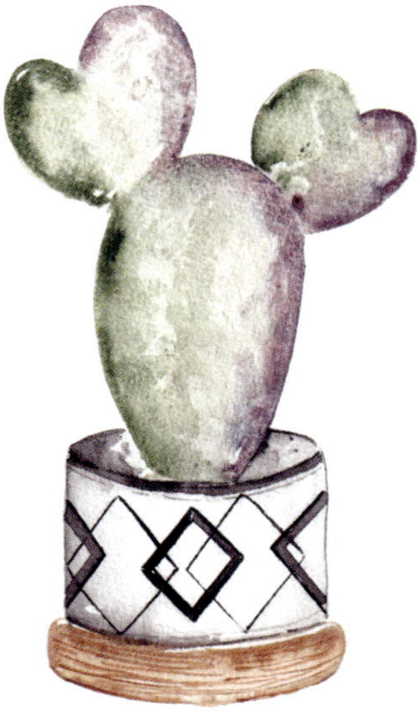

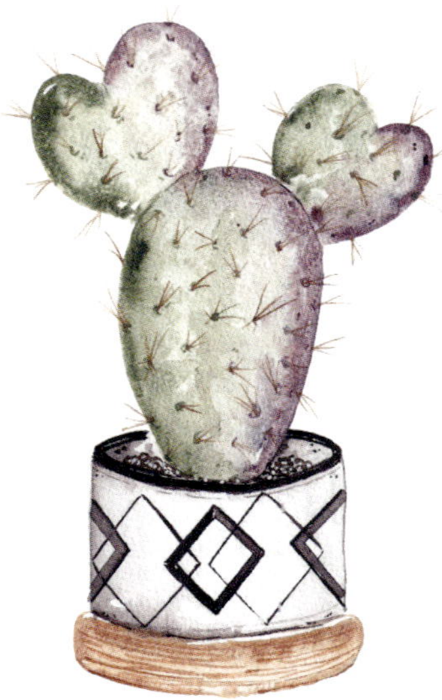

Im letzten Schritt folgen dann die Details – mein liebster Schritt, denn dieser macht wirklich so viel aus! Für die Kaktusstacheln nutze ich nochmals den Goldbraunton. Dadurch wirken die Stacheln nicht so aufgesetzt wie mit einem vergleichsweise dunklen Farbton wie Schwarz oder gar mit einem Fineliner. Um die Stacheln möglichst dynamisch zu malen, drehe ich mir das Papier passend zu meiner Handbewegung und halte den Pinsel wieder sehr gerade und senkrecht. Dann ziehe ich den Pinsel mit einer schwungvollen Bewegung über das Papier. Übe dies aber sonst gerne auch einmal auf einem Schmierpapier.

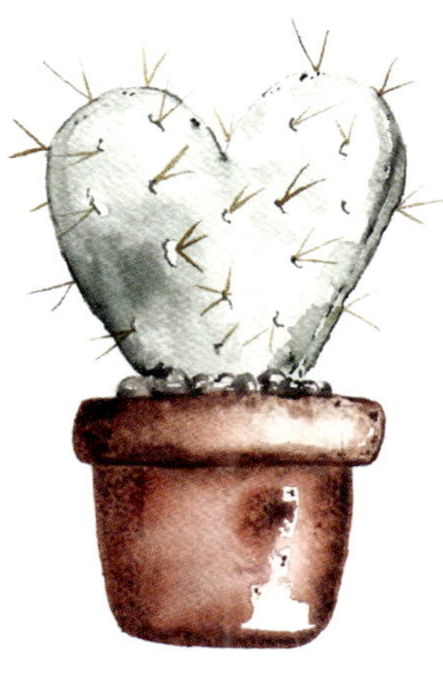

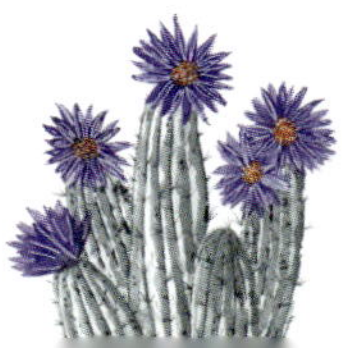

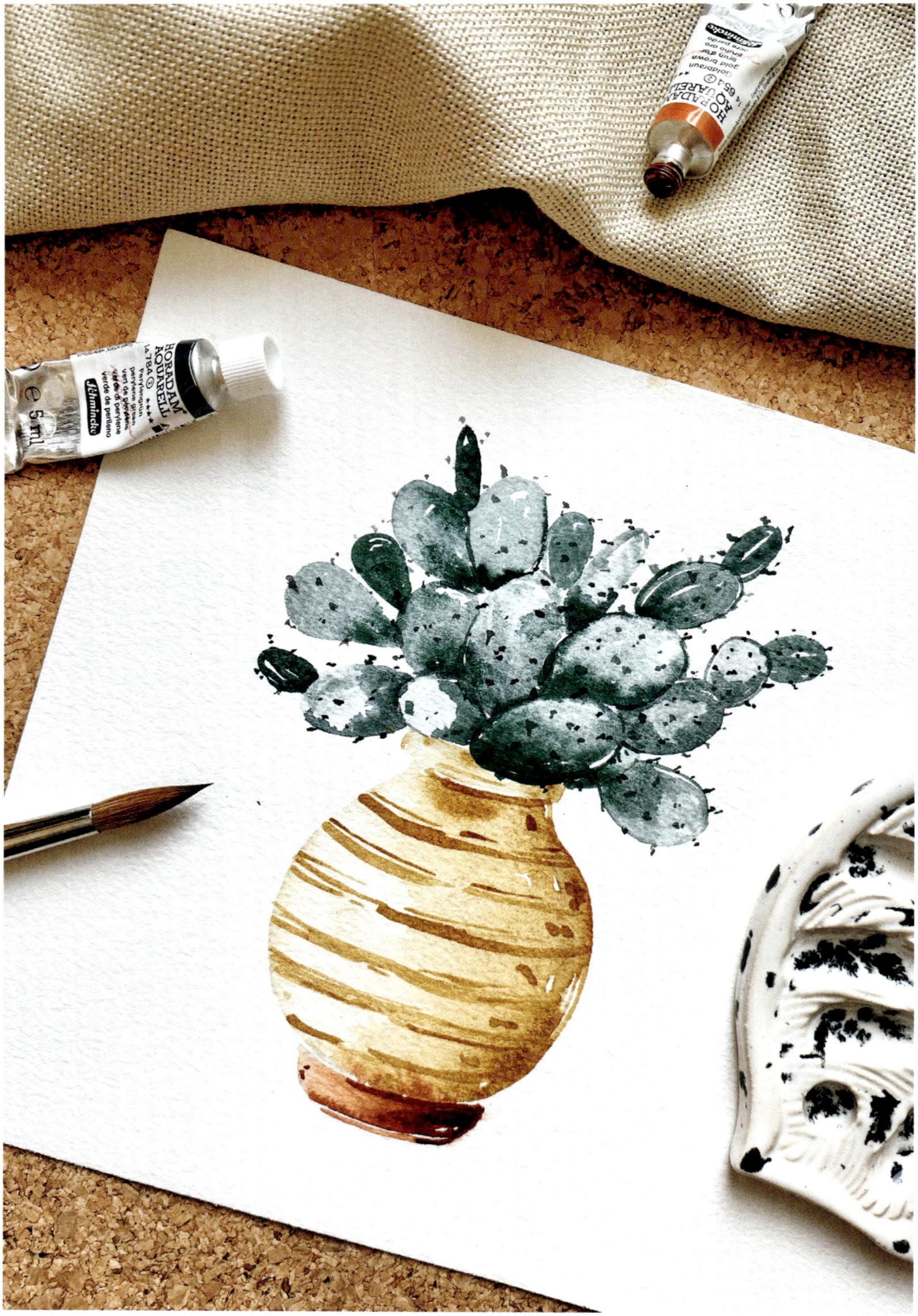
HORADAM® AQUARELL
Schmincke
5 ml

# Kaktus 2

Jetzt wird es stachelig, denn wir bleiben in der wundervollen Welt der Kakteen.

## Material

Aquarellfarben: Kobaltgrün tief, Lasur Ocker, Siena gebrannt
Rundpinsel in den Größen 0, 2 und 6
Baumwoll-Aquarellpapier 300 g/m² matt

## So wird's gemacht

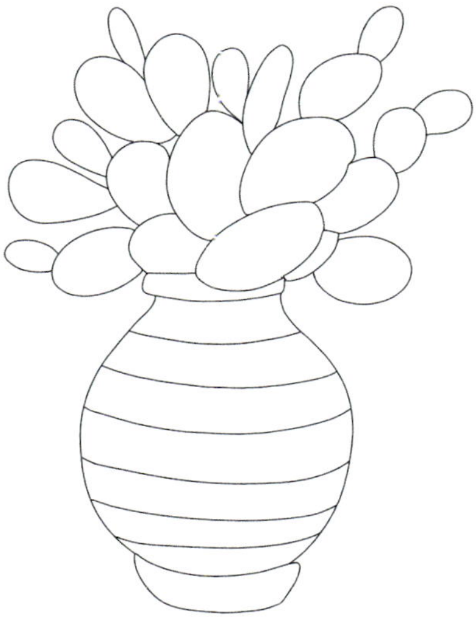

Auch bei diesem Motiv empfiehlt es sich, eine Vorzeichnung anzulegen. Gerade wenn ich runde Vasen und Töpfe male, finde ich das sehr hilfreich. Auch bei dem Kaktus hilft eine Vorzeichnung, mich nicht in Details zu verzetteln.

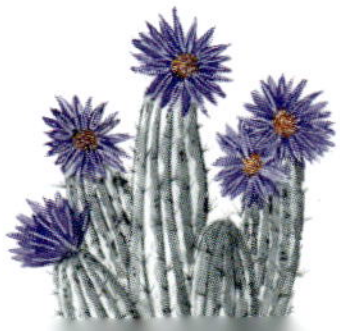

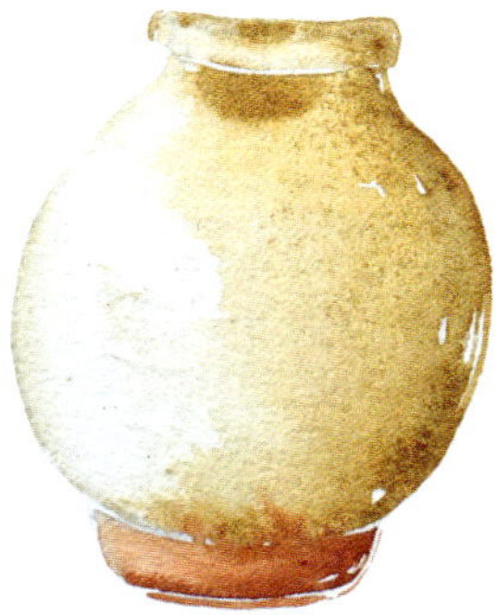

Im zweiten Schritt grundiere ich den Topf in den Farben Lasur Ocker und Siena gebrannt. Bei fast jedem Motiv überlege ich mir zunächst, von welcher Seite aus das Sonnenlicht scheinen soll, und setze dementsprechend auf der gegenüberliegenden Seite dunklere Farben. So kannst du ein wenig Plastizität schaffen. Den Topf grundiere ich mithilfe der Nass-in-Nass-Technik mit einem Rundpinsel in der Größe 6.

Als Nächstes ist der Kaktus an der Reihe. Dabei verwende ich einen kleinen Rundpinsel (Größe 2) für die Grundierung, weil er es mir ermöglicht, etwas feiner zu arbeiten. So kann ich verhindern, dass zu viel Wasser auf mein Papier gelangt. Ich starte mit einem hellen Grünton, der mit reichlich Wasser angemischt ist. Sobald die Farbe auf das Papier aufgetragen ist, nehme ich mit dem Rundpinsel in der Größe 0 etwas grüne Farbe direkt aus dem Näpfchen und tupfe sie hier und da an den Rand der verschiedenen Kaktusstellen. Das Grün ist ein granulierender Farbton, der im Zusammenspiel mit Wasser eine wunderbare Struktur ergibt.

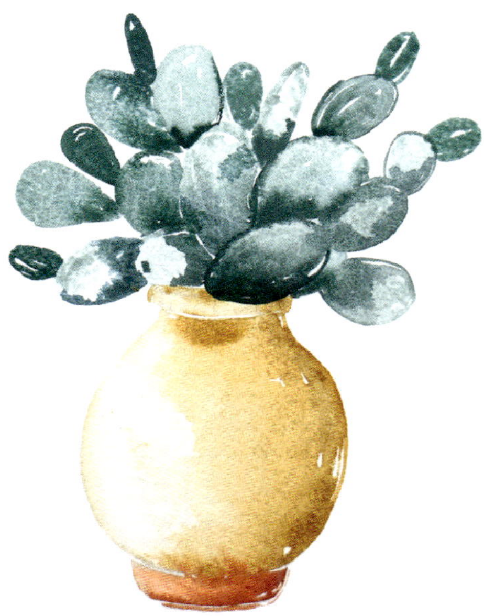

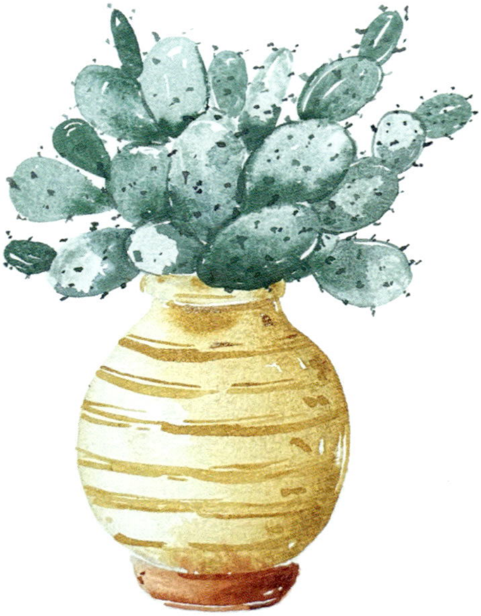

Im letzten Schritt folgen die Details, die ich mit dem Rundpinsel in der Größe 0 setze. Die Stacheln kannst du aber auch sehr gut mit einem grünen Fineliner ziehen. Dem Kaktus verpasse ich außerdem ein paar kurze Stacheln in einem pigmentierten Grünton. Den Tontopf verschönere ich mit einigen Querstreifen, die seine runde Form unterstreichen sollen. Dabei tupfe ich auch hier und da auf das Motiv, um es etwas aufzulockern.

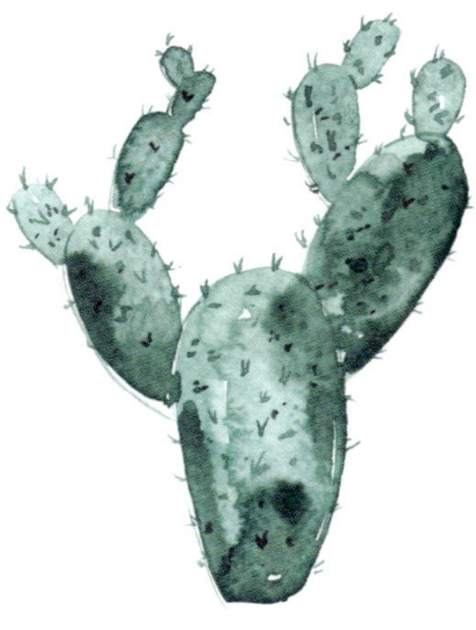

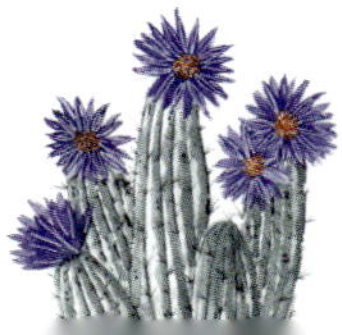

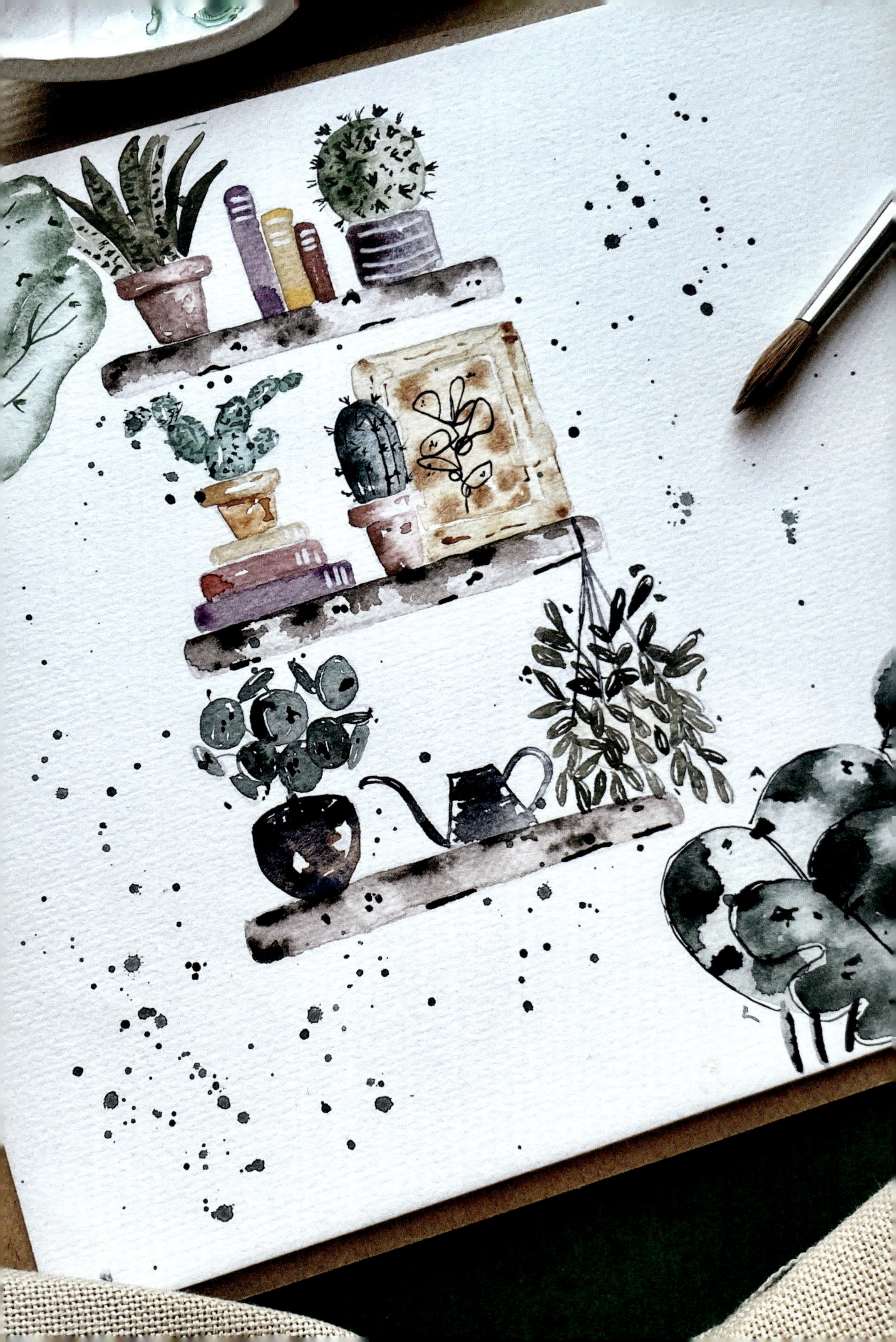

# Urban Jungle

Tauchen wir nun vollends ein in die Welt der wunderbaren Grünpflanzen. Hier möchte ich dir zeigen, wie du Schritt für Schritt deinen eigenen Urban Jungle auf das Papier zaubern kannst. Ohne, dass einige Pflanzen Blätter verlieren könnten oder sogar eingehen. Die Einsteigerversion sozusagen! Von Monstera, Pilea bis Calathea – dieses Kapitel lässt keine Wünsche übrig. Schnappe dir deine Pinsel, Aquarellfarben und co. und lass uns starten.

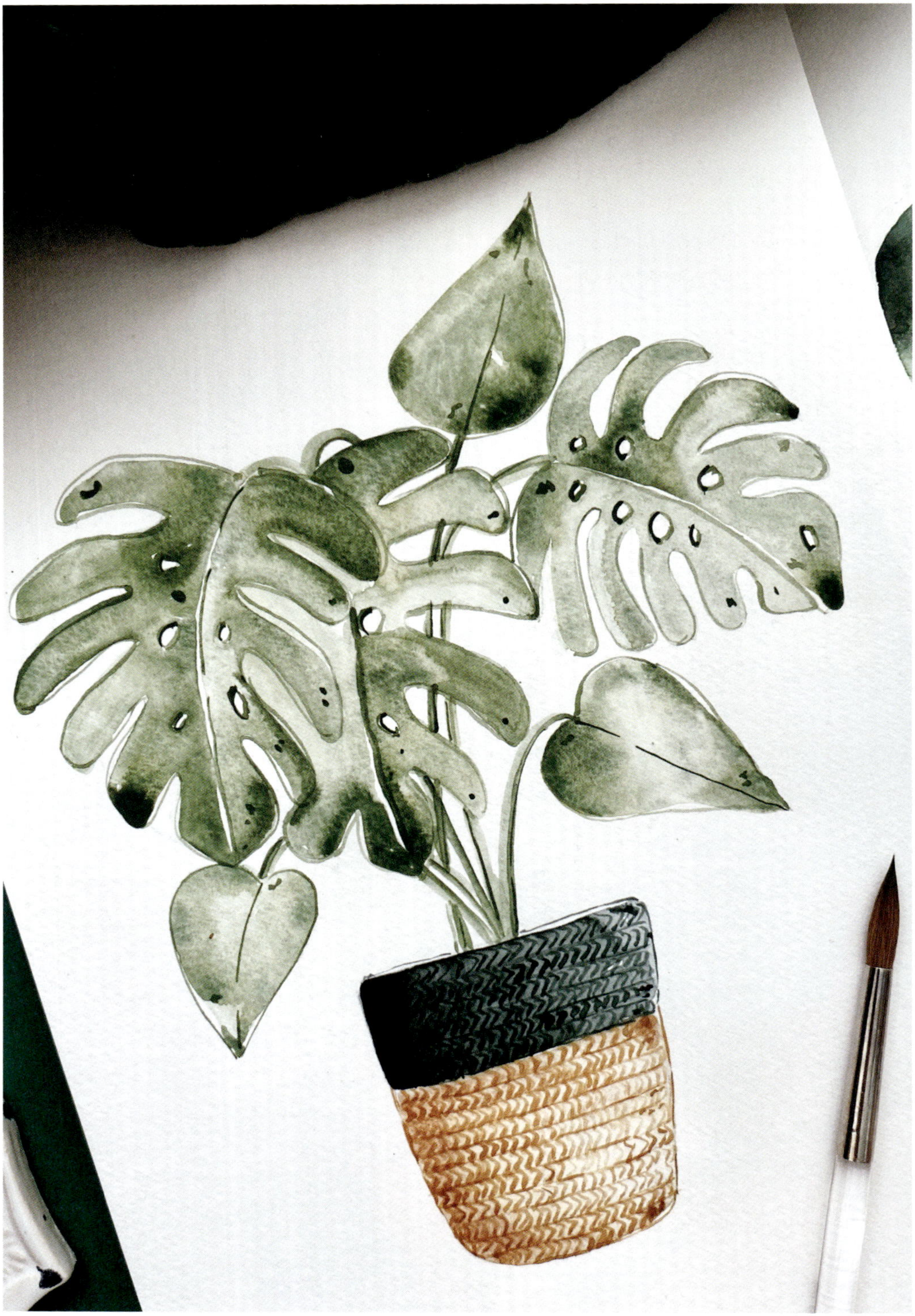

# Monstera deliciosa

Meine Begeisterung für Fensterblätter (Monstera) folgte direkt auf meine Passion für Kakteen, und es dauerte nicht lange, bis ich einige Ableger und Pflänzchen bei mir zu Hause hatte. Das Köstliche Fensterblatt (Monstera deliciosa) ist dabei ein echter Klassiker. Ich hoffe, es gefällt dir genauso sehr wie mir!

## Material

Aquarellfarben: Lasur Ocker, Perylengrün, Waldbraun
Rundpinsel in den Größen 0, 2 und 6
Baumwoll-Aquarellpapier 300 g/m² matt

## So wird's gemacht

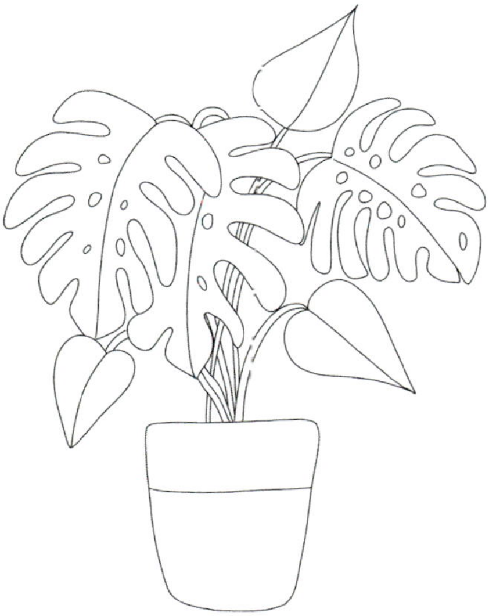

Ich finde es gar nicht so leicht, die besondere Form der Monsterablätter auf Anhieb zu treffen. Daher empfehle ich dir, auch bei diesem Motiv eine Vorzeichnung anzulegen. Dabei entscheidest du selbst, wie detailliert diese sein soll.

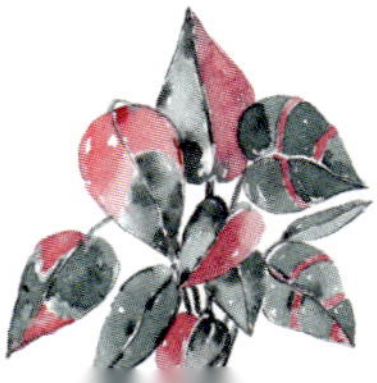

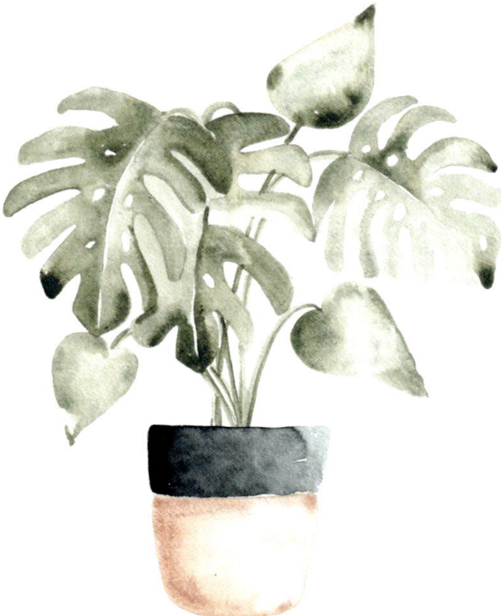

Im zweiten Schritt werden die einzelnen Blätter in einem wundervoll granulierenden Grünton grundiert. Hierfür nutze ich den Farbton Waldbraun, arbeite mich Blatt für Blatt vor und lasse benachbarte Blätter gut trocknen. Die Grundierung erfolgt mithilfe der Nass-in-Nass-Technik. Zunächst trage ich dafür eine helle grüne Schicht meiner Aquarellfarbe gleichmäßig auf und tupfe dann hier und da dunkle Farbe in die noch nasse Fläche. Auf diese Weise erzielst du wunderschöne Farbverläufe. Den Topf grundiere ich oberhalb in Perylengrün und unterhalb in Lasur Ocker. Auch hierbei überlege ich vorher, von welcher Seite der Lichteinfall kommen soll, und setze auf der gegenüberliegenden Seite mehrere Farbtupfen, sodass sich ein natürlicher Schattenverlauf bildet.

Die Grundierung gut trocknen lassen. Danach kannst du dich den Details an den einzelnen Monsterablättern widmen. Ein Bild lebt von seinen Kontrasten. Daher verwende ich nun eine dunklere grüne Farbe, um Akzente an den Blättern zu setzen. Mit einem Rundpinsel in der Größe 2 setze ich Schatten und Tupfen rund um die charakteristischen Löcher der Monsterablätter So wirken diese sofort ein wenig plastischer. Dasselbe mache ich mit den Blattstielen.

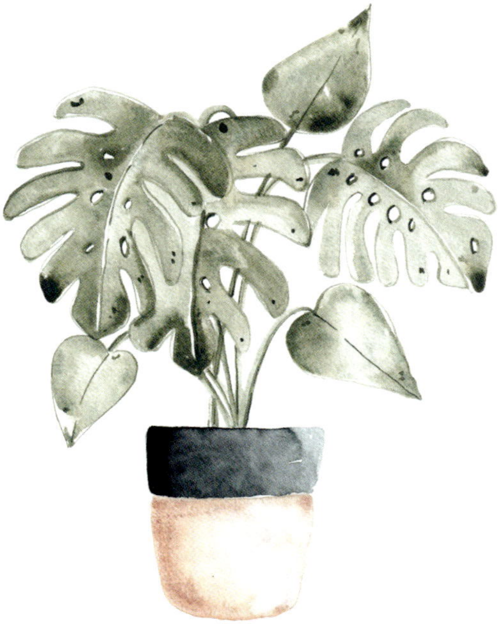

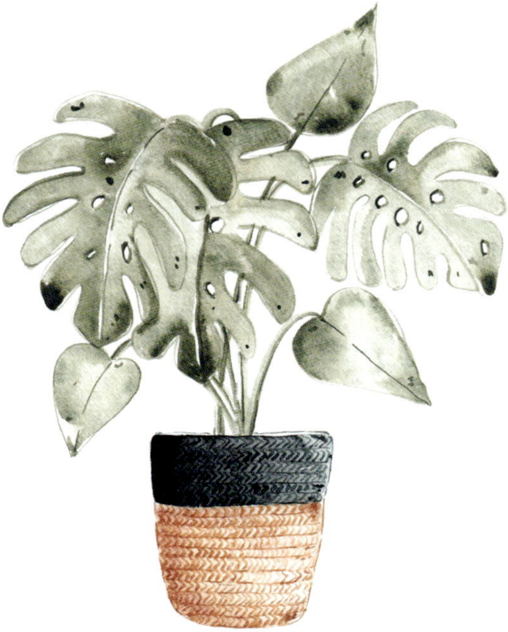

Im letzten Schritt male ich das Muster des geflochtenen Topfes bzw. Körbchens, das aus sehr kleinen Pfeilspitzen besteht. Diese setze ich mit einem Rundpinsel in der Größe 0. Ich finde, dass diese spannende Struktur das gesamte Motiv noch einmal besser zur Geltung bringt!

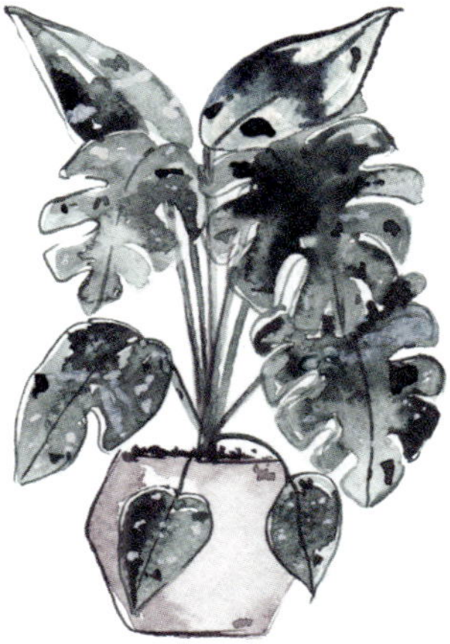

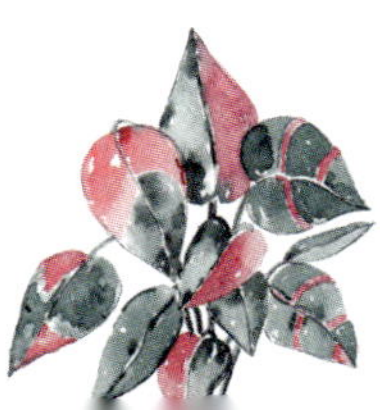

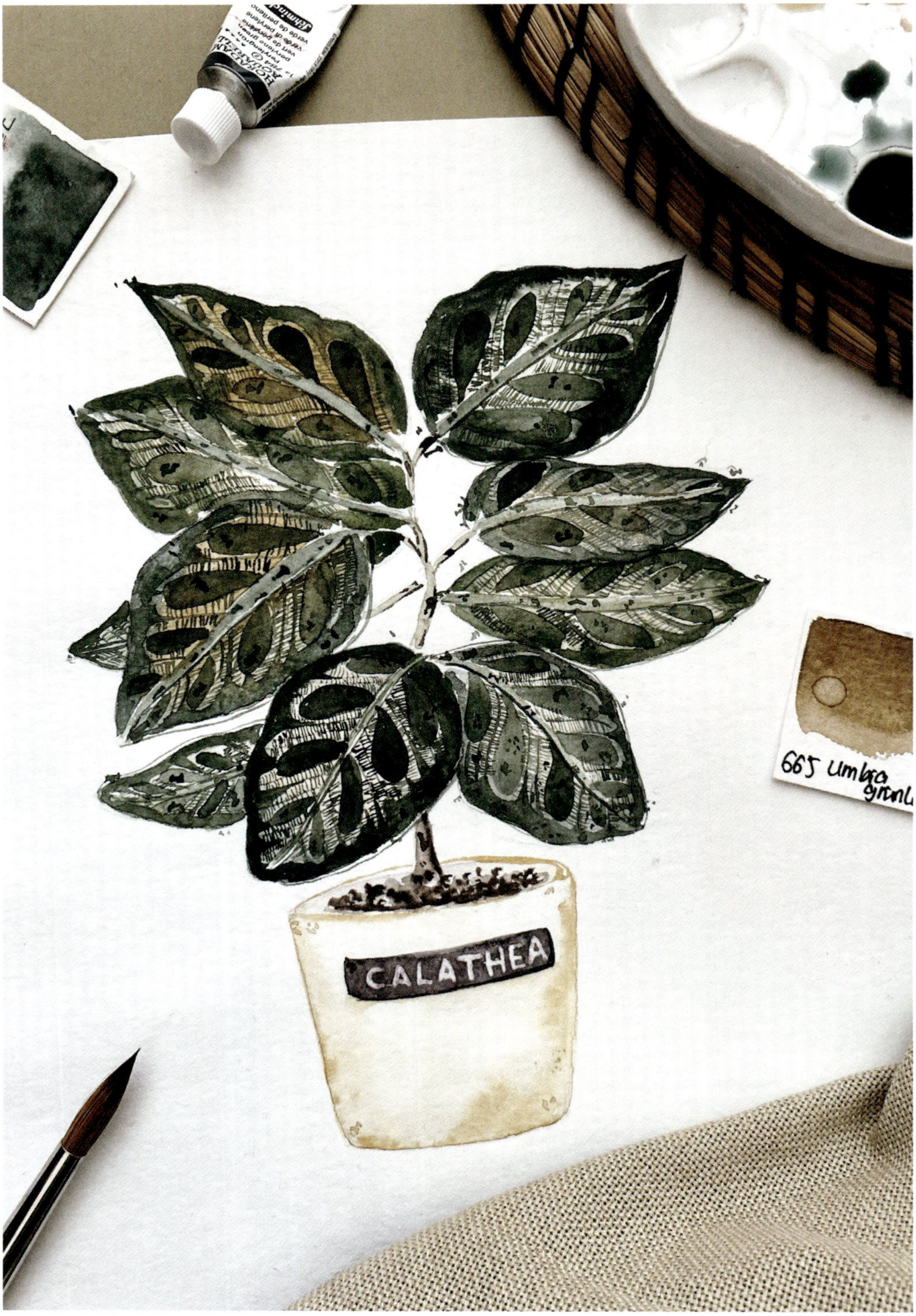
CALATHEA
665 Umbra grünl

# Calathea makoyana

Die wunderschöne Pfauen-Korbmarante (Calathea makoyana) kann ich leider noch nicht zu meinem Urban Jungle zählen. Trotzdem durfte sie jetzt zumindest auf dem Papier bei mir einziehen. Für dieses Motiv solltest du ein wenig mehr Zeit einplanen, da es sehr detailreich ist.

## Material

**Aquarellfarben: Perylengrün, Lichter Ocker, Neapelgelb, Neutraltinte, Sepiabraun rötlich**
**Rundpinsel in den Größen 2 und 6, Schlepperpinsel Größe 0**
**Baumwoll-Aquarellpapier 300 g/m² matt**

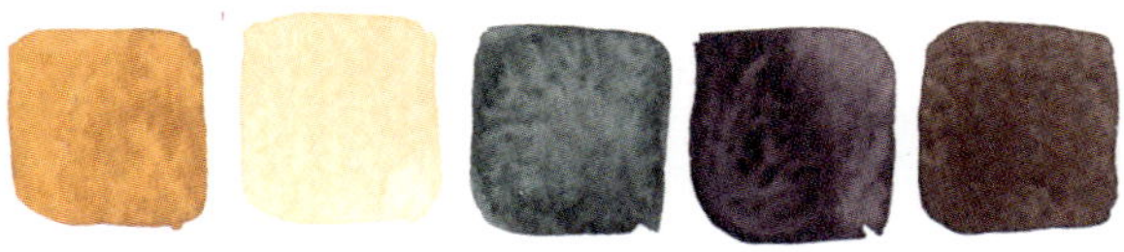

## So wird's gemacht

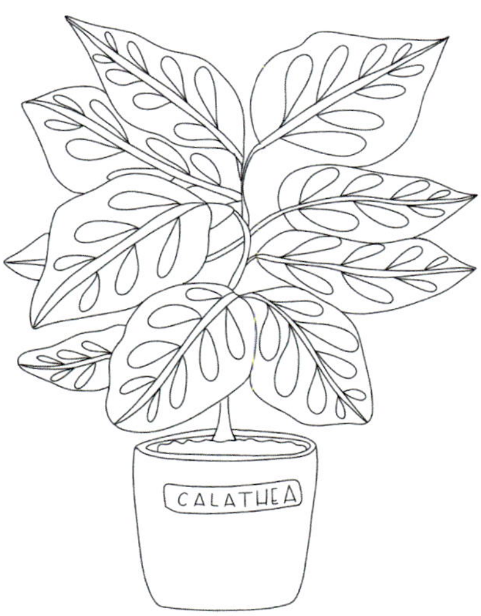


Eine gute Vorbereitung ist bei diesem detailreichen Motiv die halbe Miete. Zeichne dir daher unbedingt die Pflanze und den Topf vor. Hierfür nutze ich sehr gerne einen hellgrauen Aquarellbuntstift oder einen wasservermalbaren Bleistift.

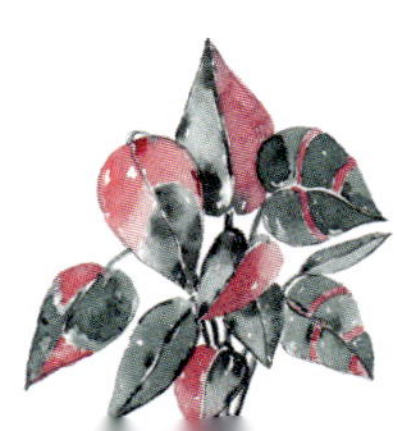

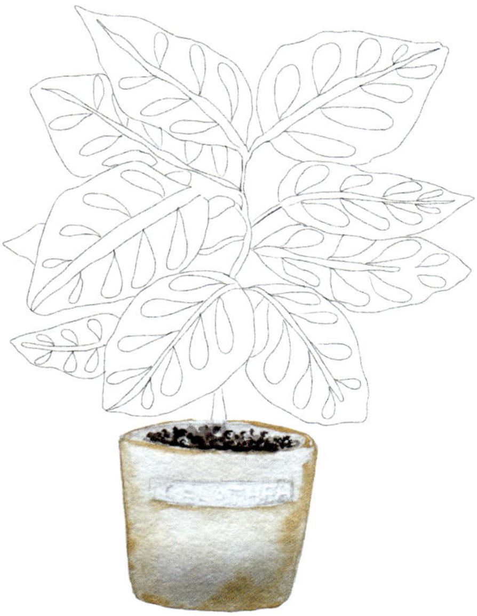

Im zweiten Schritt grundiere ich den Topf in einer Mischung aus Neapelgelb und Lichtem Ocker. Teste deine Farbmischungen zunächst am besten auf einem separaten Papier. Den Topf grundiere ich für gewohnt in der Nass-in-Nass-Technik und spare dabei das Calatheaschild aus.

Nun kannst du dich an die erste Schicht der Blätter mittels der Nass-in-Nass-Technik wagen. Hierfür grundiere ich das Blatt zunächst mit einem hellen Goldbraun, welches ich mit viel Wasser anmische. Dann nutze ich einen kleinen Rundpinsel und nehme dunkle grüne Farbe auf und tupfe diese an den äußeren Blatträndern in die noch nasse Fläche ein. Wenn du in Ruhe Blatt-für-Blatt arbeitest, hast du genug Zeit, schöne Farbverläufe zu erschaffen. Dabei kannst du die Pigmente auch mit deinem Pinsel hin und her schubsen und sie so etwas verblenden. Lasse diese Schicht dann gut trocknen.

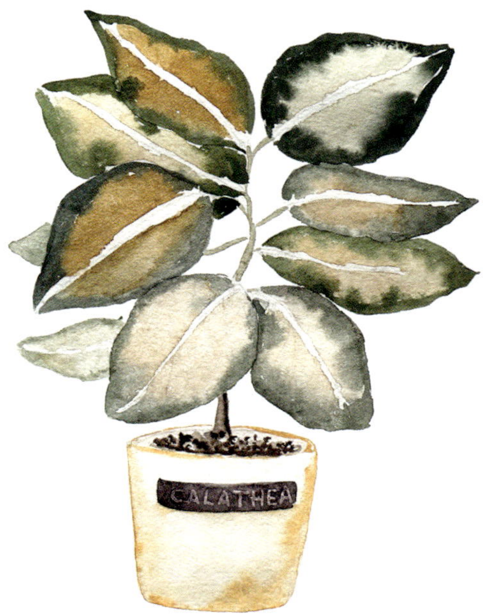

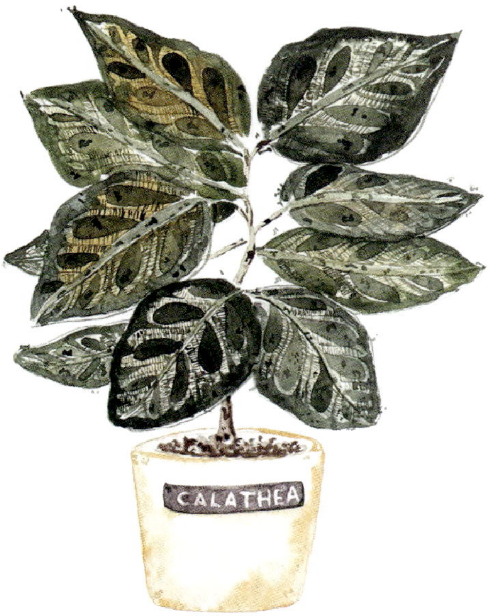


Im letzten Schritt kannst du dich an die Detailarbeit machen. Hierbei nutze ich einen feinen Rundpinsel und ein dunkles Perylengrün, welches ich mit wenig Wasser anmische. Die mit dem Bleistift vorgemalten runden Aussparungen in der Blattmitte kannst du nun dunkel kolorieren und im letzten Schritt ganz feine Blattadern hinzufügen. Hierfür halte ich den Pinsel möglichst senkrecht und ziehe ihn mit wenig Druck über das Papier.

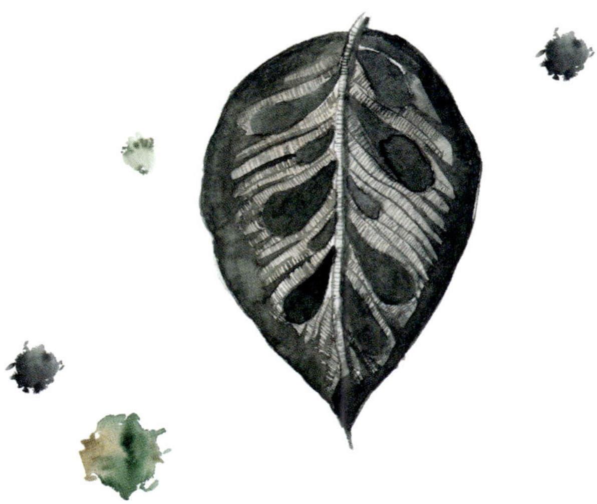

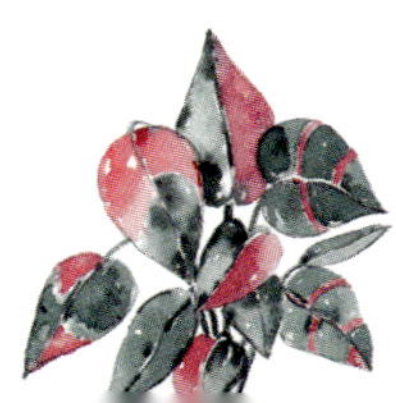

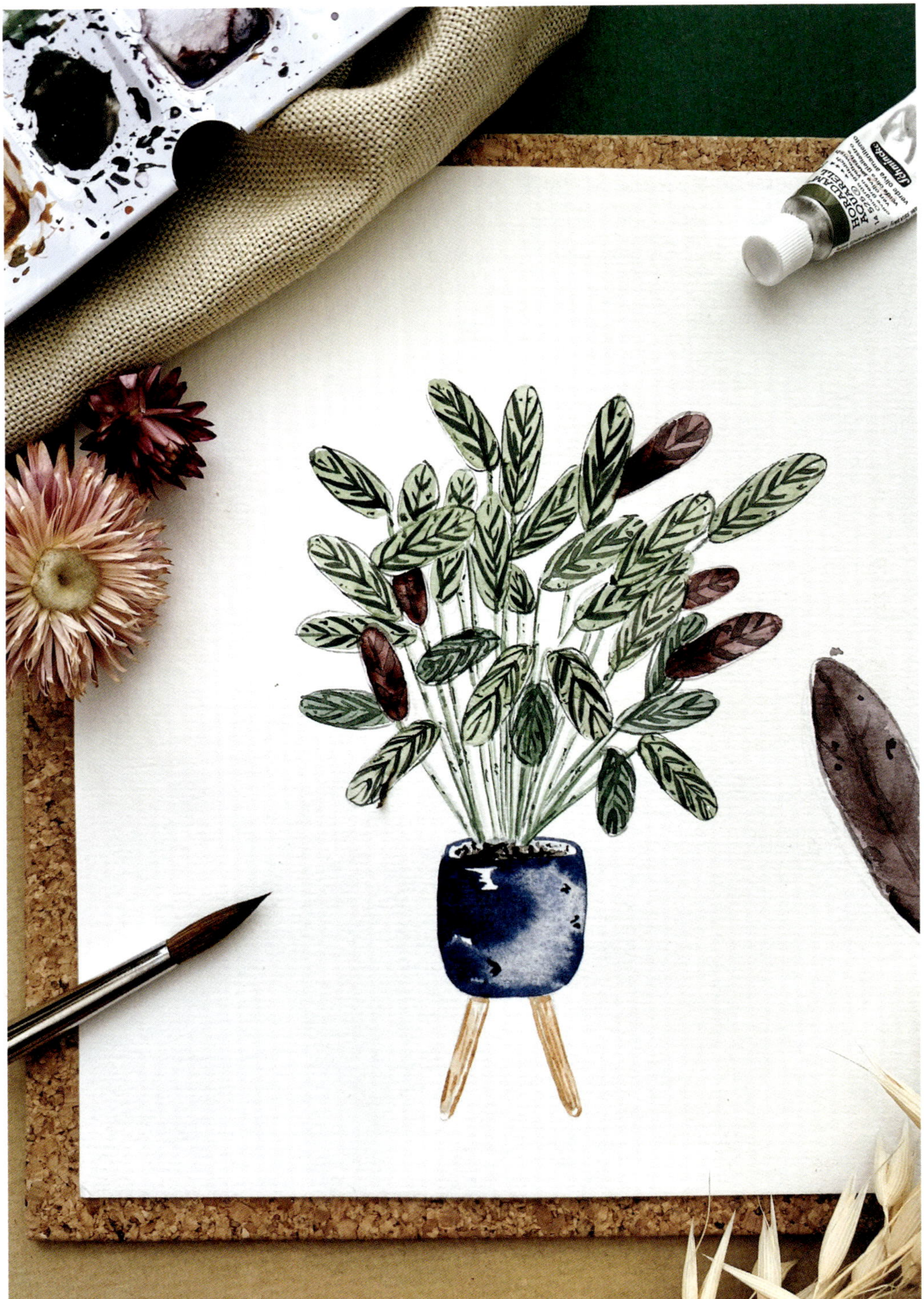

# Calathea oppenheimiana

Diese wunderschöne Calathea steht bei mir im Wohnzimmer sozusagen Modell. Sollte ich sie mal vergessen und zu wenig gießen, rollt sie ihre Blätter zusammen – total spannend! Dann sieht sie aus, als trüge sie Lockenwickler in Vorbereitung auf eine Dauerwelle. Glück für uns ist jedoch, dass sie auf dem Aquarellpapier nie zu wenig Wasser bekommen kann!

## Material

- Aquarellfarben: Perylenviolett, Tundrablau, Lichter Ocker, Waldbraun, Sepiabraun rötlich
- Rundpinsel in den Größen 2 und 6, Schlepperpinsel Größe 0
- Baumwoll-Aquarellpapier 300 g/m$^2$ matt

## So wird's gemacht

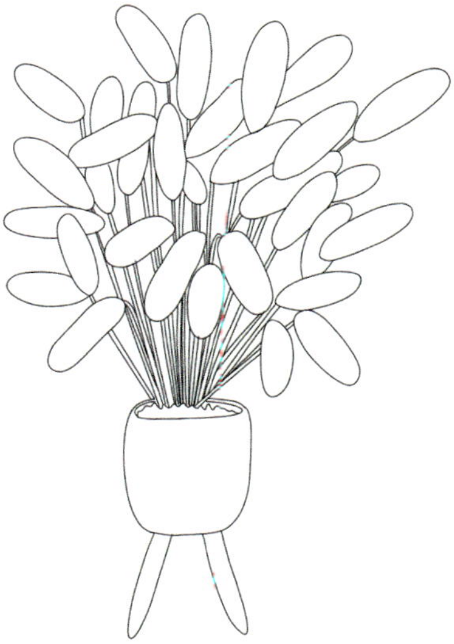

In diesem Fall hatte ich eine reale Pflanze als Modell. Trotzdem habe ich zunächst ein frontales Foto geschossen, sodass die Perspektive für mich möglichst leicht umzusetzen war. Dann habe ich die wichtigsten Merkmale in meine Bleistiftskizze übertragen. Dabei musst du nicht alle Merkmale realistisch wiedergeben. Ich habe zum Beispiel einen anderen Topf gewählt, der mir viel besser gefallen hat.

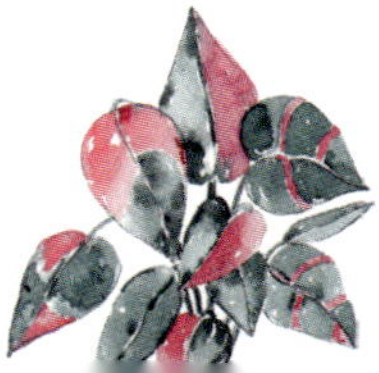

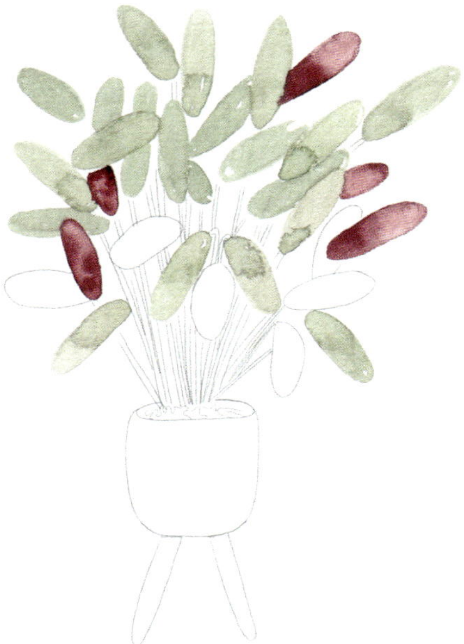

Im zweiten Schritt grundiere ich die einzelnen Elemente meiner Illustration mit einem Rundpinsel in der Größe 2 bzw. 6. Dabei beginne ich meist mit den Blättern, damit diese genug Zeit haben zu trocknen und ich nicht Gefahr laufe, mir durch das Bild zu wischen. Die Blätter grundiere ich jeweils in einer hellen Farbschicht in Waldbraun und Perylenviolett. Somit kann ich einige Blätter optisch so gestalten, dass sie von mir weg weisen, da man die Blattrückseite sieht. Den Topf grundiere ich in der Farbe Tundrablau in der Nass-in-Nass-Technik. Dabei achte ich darauf, dass ich auf einer Seite mehr Farbe hinzugebe, damit der Topf runder wirkt. Die beiden Holzfüße grundiere ich in einem hellen Ockerton.

Sobald die Grundierung gut durchgetrocknet ist, setze ich die ersten Details mit einem Rundpinsel in der Größe 0. Dazu tupfe ich zunächst die Blumenerde in Sepiabraun rötlich auf das Papier. Achte dabei darauf, dass du hier und da Weißräume lässt, damit es auch wirklich nach Blumenerde aussieht. Die Topfbeine verziere ich mit einer dezenten Holzmaserung in einem dunkleren Ockerton.

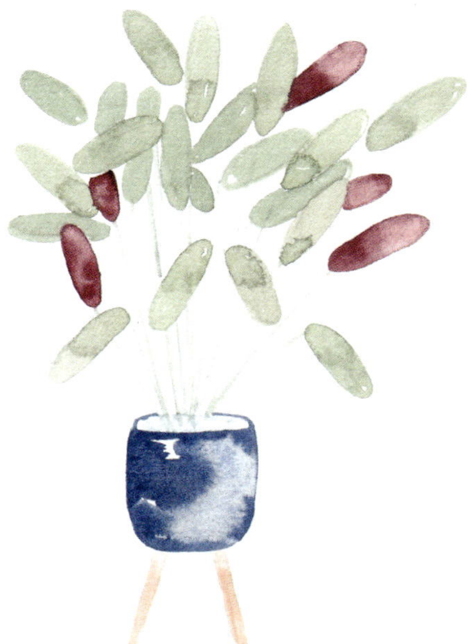

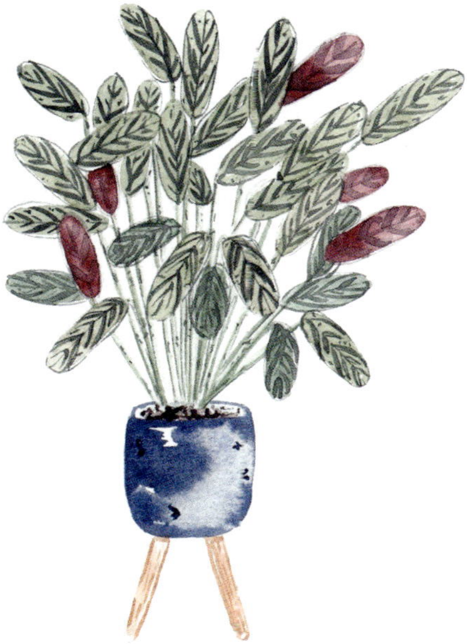

Im letzten Schritt bekommen die Stiele und Blätter ihre Struktur mit den dazugehörigen Details. Hierbei arbeite ich weiterhin mit dem Rundpinsel in der Größe 0, mit dem sich Details sehr präzise setzen lassen. Die Struktur der Blätter entsteht aus abwechselnd langen und kurzen schrägen Strichen, die von einer mittleren Blattader abgehen. Dafür verwende ich denselben Grünton Waldbraun, den ich diesmal jedoch mit weniger Wasser anmische.

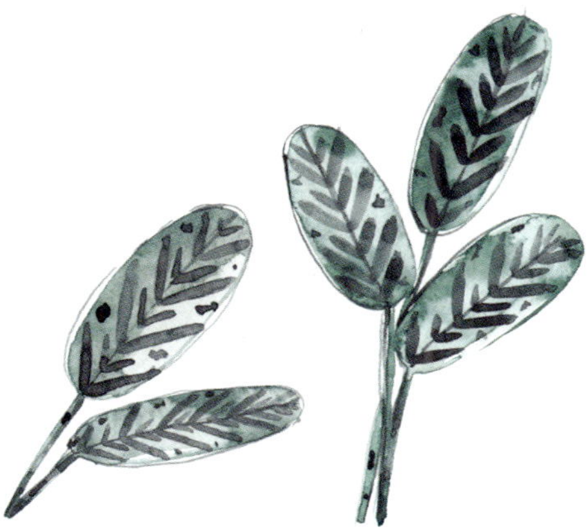

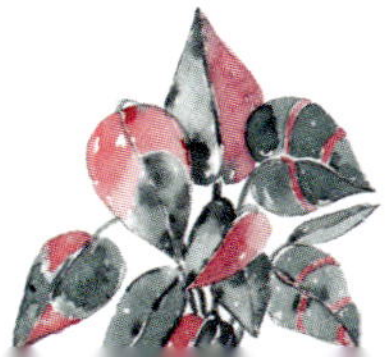

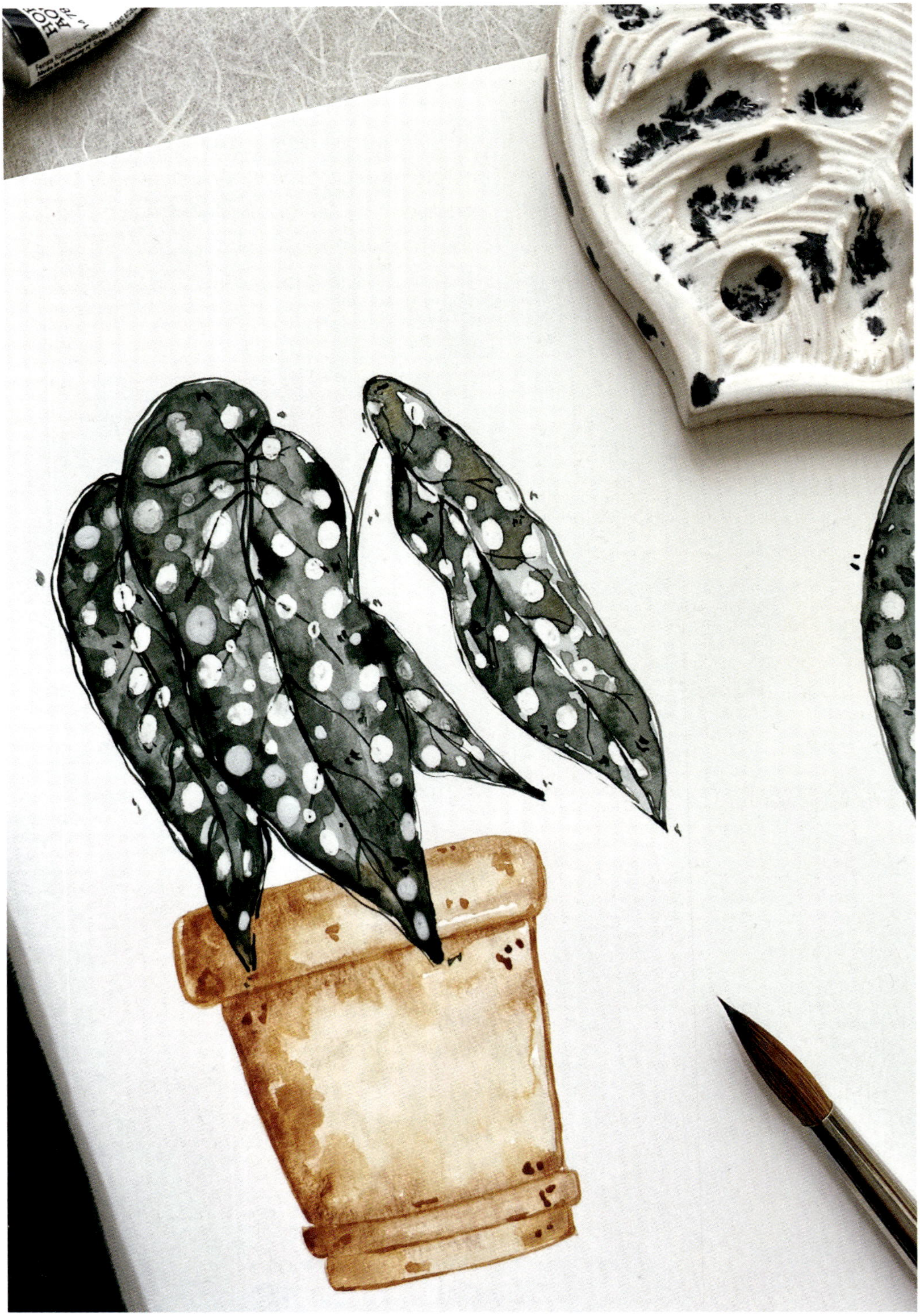

# Forellenbegonie (Begonia maculata)

Die Forellenbegonie ist einer meiner neuesten Schätze für mein Zuhause. Als Ableger eingezogen, vermehrt sie sich nach und nach und blüht sogar schon. Ich finde sie besonders schön, da ihre Punkte auf den Blättern wie gemalt aussehen. Daher durfte diese wunderschöne Pflanze in meinem Buch natürlich nicht fehlen!

## Material

Aquarellfarben: Perylengrün, Tundra Orange, Goldbraun
Rundpinsel in den Größen 2 und 6, Schlepperpinsel in der Größe 0
Transparenter Gelstift, z. B. Sakura Gelly Roll, oder Maskierflüssigkeit
Baumwoll-Aquarellpapier 300 g/m² satiniert

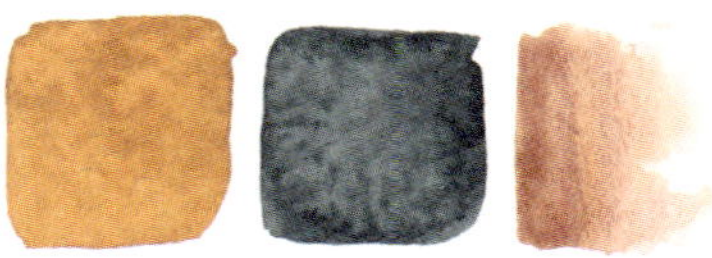

## So wird's gemacht

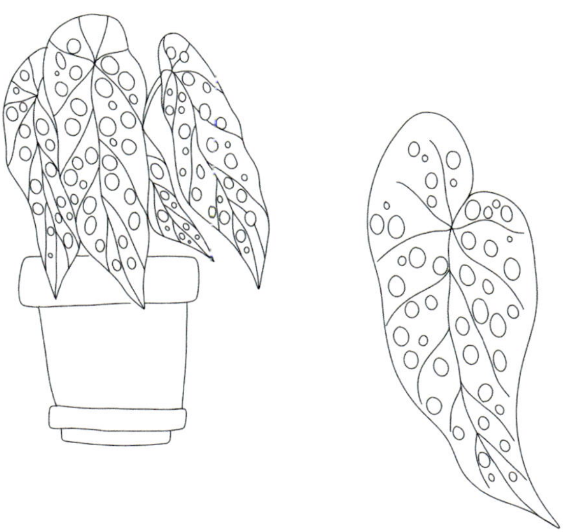

Die Forellenbegonie habe ich dieses Mal auf satiniertem Aquarellpapier gemalt. Wenn du welches zu Hause hast, probiere es doch einfach mal aus! Zunächst starte ich mit einer Bleistiftskizze. Damit kann ich mich orientieren, wo ich die charakteristischen Punkte der Forellenbegonie setzen möchte.

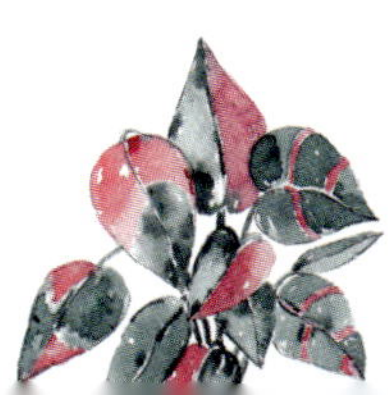

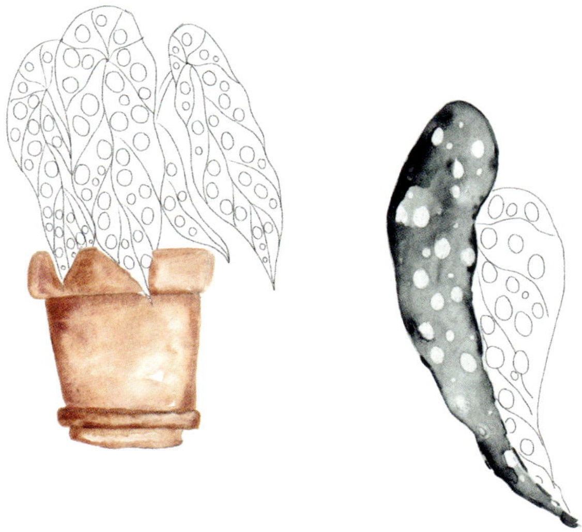

Im zweiten Schritt male ich die typischen Blattpunkte mit einem transparenten Gelstift oder Maskierflüssigkeit aus. Solltest du dich für Letzteres entscheiden, teste vorher unbedingt, ob sie sich gut mit deinem Papier verträgt. Anschließend lasse ich diese Schicht erst einmal gut trocknen, bevor ich weitermale. Als Nächstes grundiere ich den Tontopf in der Farbe Tundra Orange. Da ich mit satiniertem Papier arbeite, versuche ich, in der Nass-in-Nass-Technik nicht allzu viel Wasser zu verwenden. Dabei achte ich darauf, die Fläche gleichmäßig zu benetzen. Mögliche Pfützen nehme ich mit einem trockenen Küchentuch wieder ab. In die noch nasse Farbe tupfe ich mit einem Rundpinsel in der Größe 0 direkt aus dem Näpfchen pigmentierte Farbe hinzu.

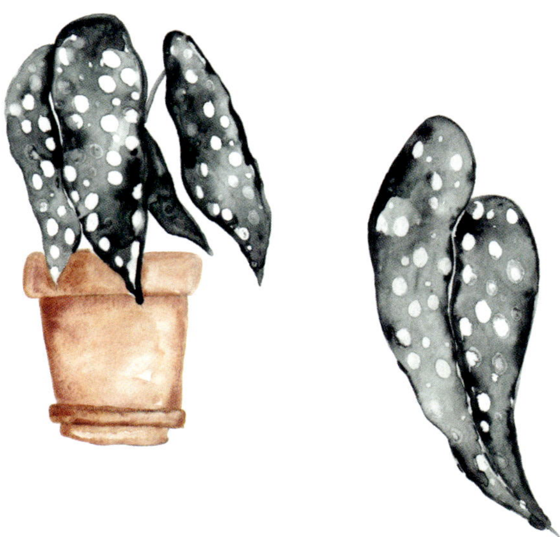

Sobald der transparente Gelstift gut getrocknet ist, grundiere ich die Pflanzenblätter ebenfalls in der Nass-in-Nass-Technik mit Perylengrün. Ich mische es auf einer Palette zu einem helleren Farbton an, da der Grundton aus dem Näpfchen sehr pigmentiert und dunkel ist. Dies ist einer meiner liebsten Grüntöne. Auch hier gebe ich in die noch nasse Farbe einen pigmentierteren Farbton hauptsächlich an die Blattränder hinzu.

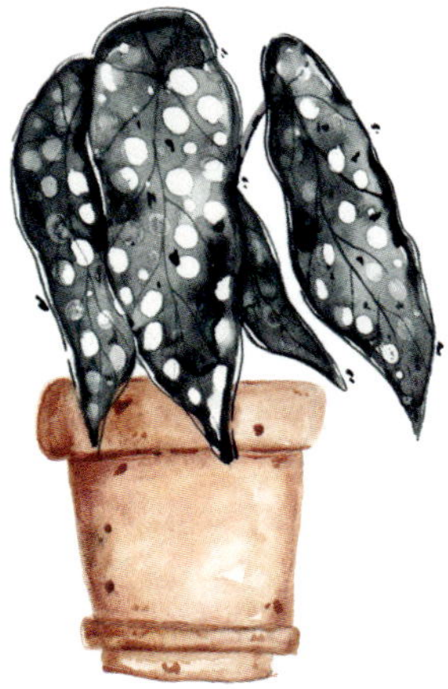

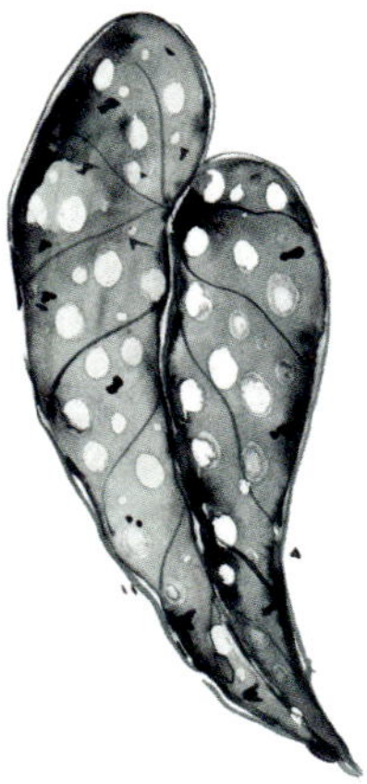

Im letzten Schritt sind die Blattadern und weitere Details an der Reihe. Die Blattadern zeichnest du dir am besten mit einem Bleistift vor, du kannst sie aber auch frei Hand malen. Ich benutze dafür einen Schlepperpinsel in der Größe 0 und ebenfalls eine dunklere Mischung des Perylengrüns. Bei den Blattadern achte ich hauptsächlich darauf, dass sie nicht allzu gerade verlaufen. In der Natur sind Blattadern auch geschwungen und verzweigt. Dies möchte ich entsprechend imitieren. Am Schluss setze ich auch noch feine Detaillinien rund um die Blätter und den Topf herum sowie die obligatorischen Tupfen.

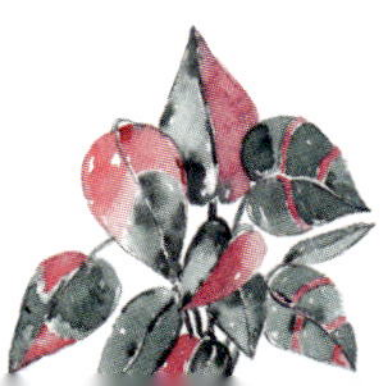

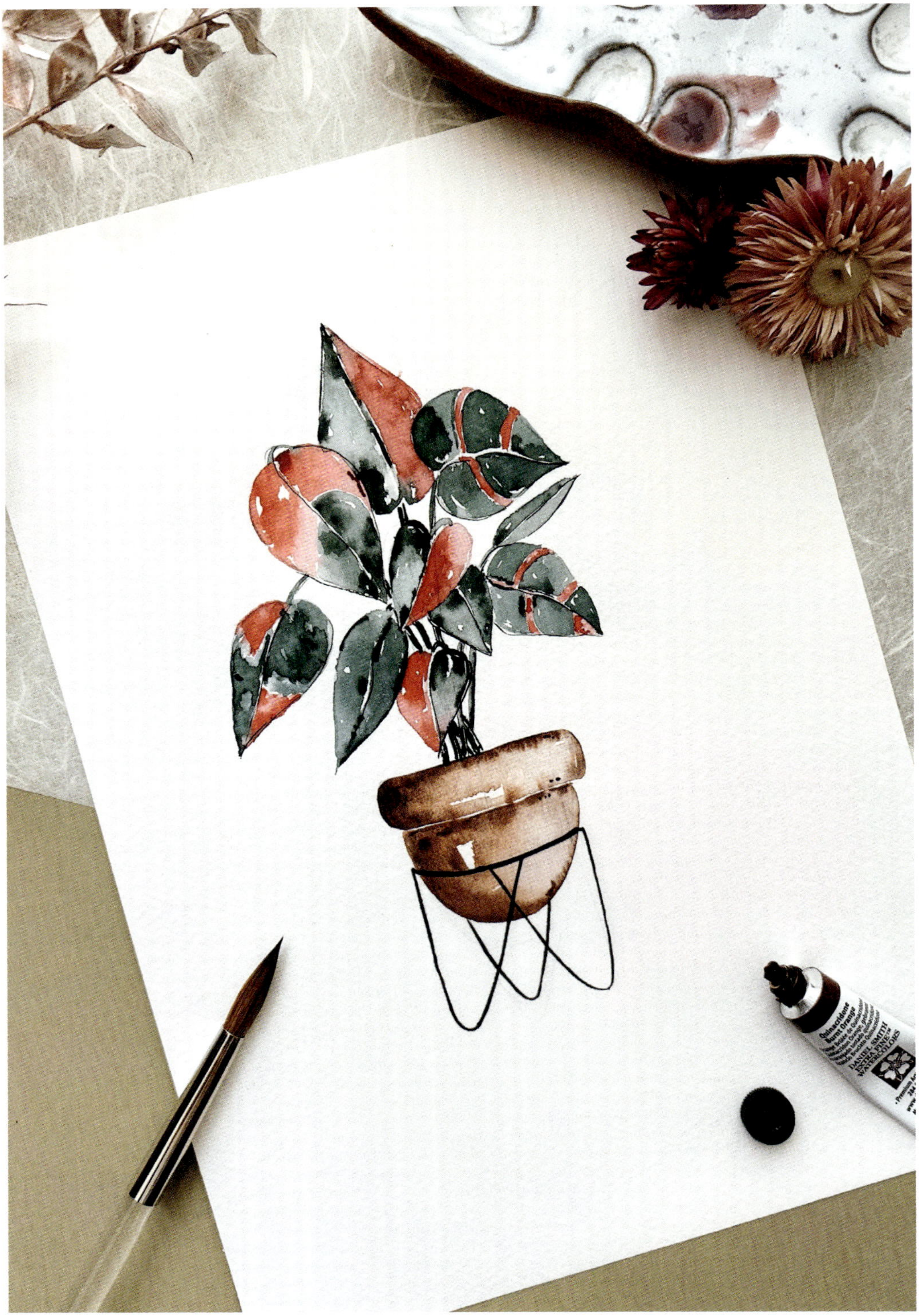

# Philodendron Princess Pink

Diese Pflanze hat wirklich einen besonderen Namen: Princess Pink. Leider ist sie ziemlich exklusiv und daher noch nicht bei mir zu Hause eingezogen. Malen wollte ich sie aber trotzdem unbedingt. Egal, ob als Pflanze zu Hause oder auf dem Papier: Sie bringt definitiv etwas Farbe in den Alltag.

## Material

Aquarellfarben: Rubinrot, Permanentgrün Oliv, Lasurbraun,
Sepiabraun rötlich, Phthaloblau, Neutraltinte
Rundpinsel in den Größen 0, 2 und 6
Baumwoll-Aquarellpapier 300 g/m² matt

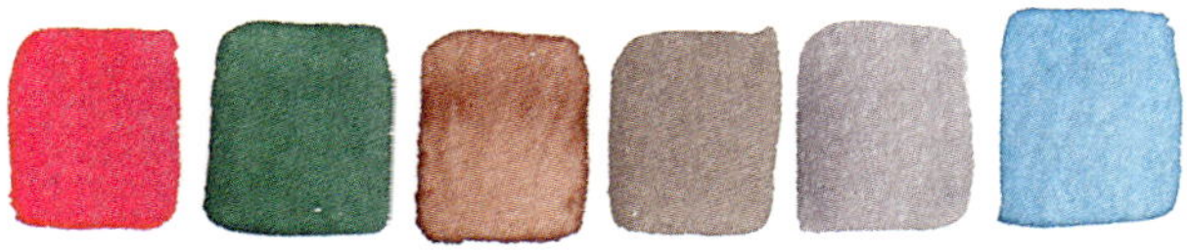

## So wird's gemacht

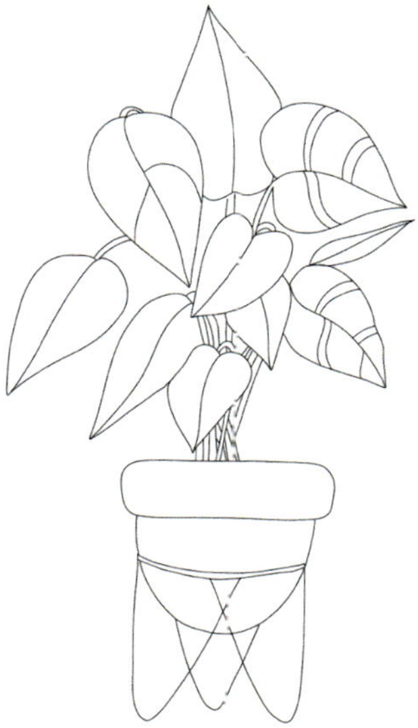

Bei diesem farbenfrohen Motiv starte ich zunächst mit einer Bleistiftskizze. Sie hilft mir, die richtigen Proportionen zu treffen und den passenden Topf zur Pflanze zu zeichnen.

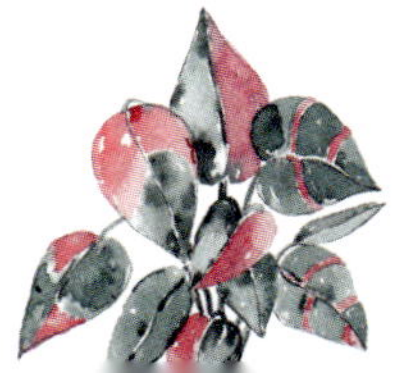

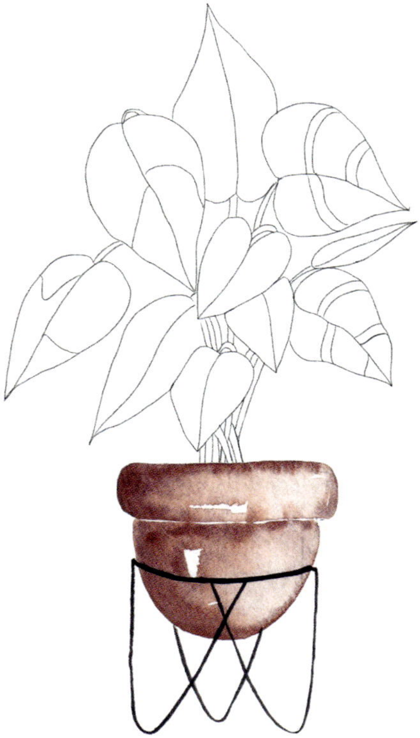

Im zweiten Schritt grundiere ich den Tontopf in einem Braunton, den ich aus Lasurbraun und Sepiabraun rötlich auf einer separaten Palette anmische. Bei der Grundierung lasse ich auch Weißräume stehen, um das Motiv aufzulockern, und gestalte die linke Seite des Topfes etwas dunkler, indem ich in die noch nasse Farbe dunklere Farbe hineintupfe. Sobald die erste Grundierung gut getrocknet ist, grundiere ich die Metallfüße des Topfes in Neutraltinte mit einem Rundpinsel in der Größe 0. Dabei mische ich die Farbe mit wenig Wasser an, damit sie schön dunkel erscheint.

Im dritten Schritt mische ich aus Rubinrot und Lasurbraun den pinken Farbton für die Blätter. Der Grünton setzt sich aus Permanentgrün Oliv, Sepiabraun rötlich und Phthaloblau zusammen. Um die Farbmischungen zu testen, nutze ich dabei sehr gerne ein zusätzliches Übungsblatt. Die Blätter koloriere ich ebenfalls in der Nass-in-Nass-Technik mit einem Rundpinsel in der Größe 2. Hierbei tupfe ich zusätzlich dunkle Farbe ab und an in die noch nasse Farbe, um die Blattränder zu verdunkeln.

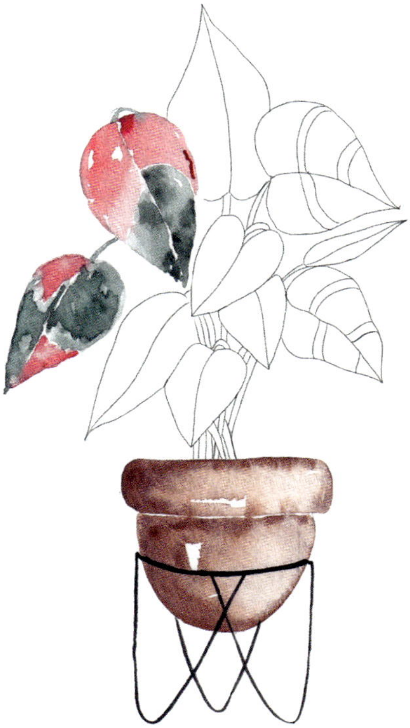

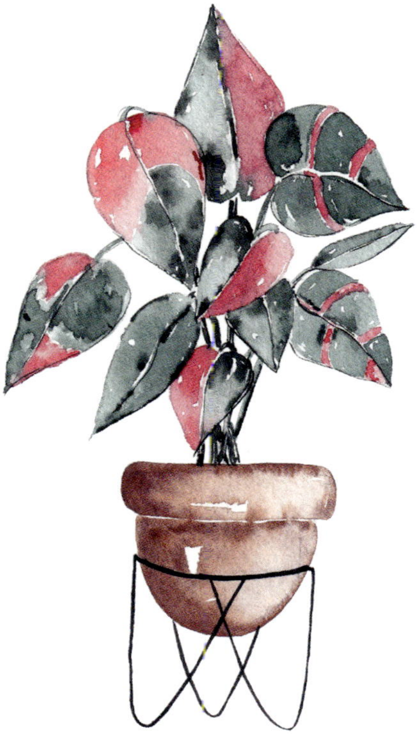

Zwischen den grünen und pinken Farbbereichen lasse ich minimale Weißräume, damit die Farben nicht ineinanderlaufen und die Blattstruktur aufgelockert wird. Im letzten Schritt setze ich noch die Blattstiele mit einem feinen Rundpinsel im selben Grünton. Zum Schluss dürfen natürlich auch hier und da kleine Farbtupfen nicht fehlen.

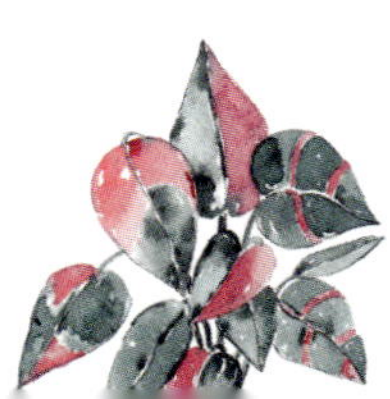

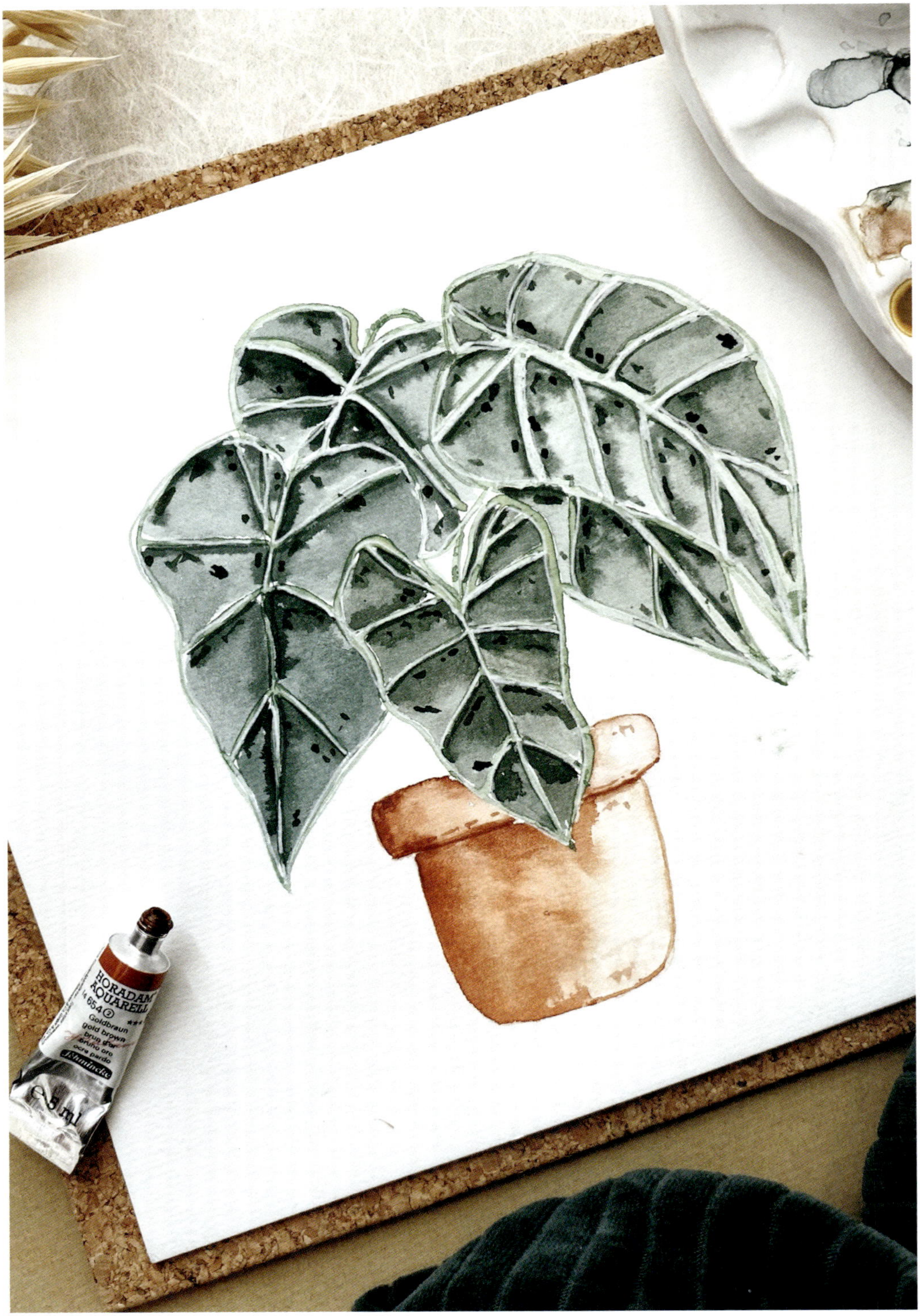
HORADAM AQUARELL
654
Goldbraun
gold brown
bruno oro
ocre pardo
5 ml

# Alocasia Polly

Das Pfeilblatt (Alocasia Polly) finde ich aufgrund seiner ausgeprägten, meist hellgrünen Blattadern total spannend. Dadurch sieht die Pflanze für mich sehr exotisch aus.

## Material

Aquarellfarben: Englisch Venezianischrot, Goldbraun, Waldgrün, Perylengrün
Rundpinsel in den Größen 0, 2 und 6
Weißer Gelstift, z. B. Sakura Glaze
Baumwoll-Aquarellpapier 300 g/m² matt

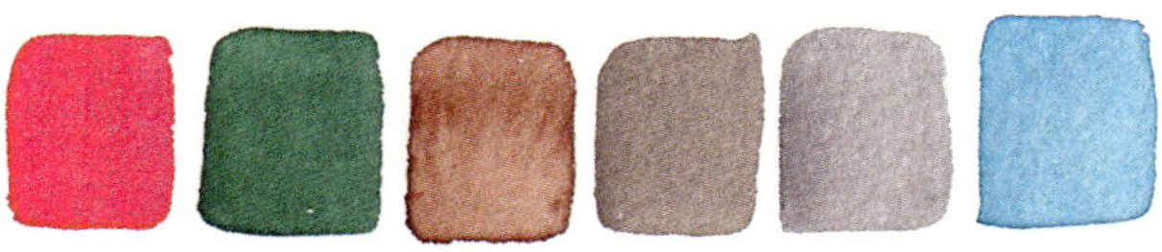

## So wird's gemacht

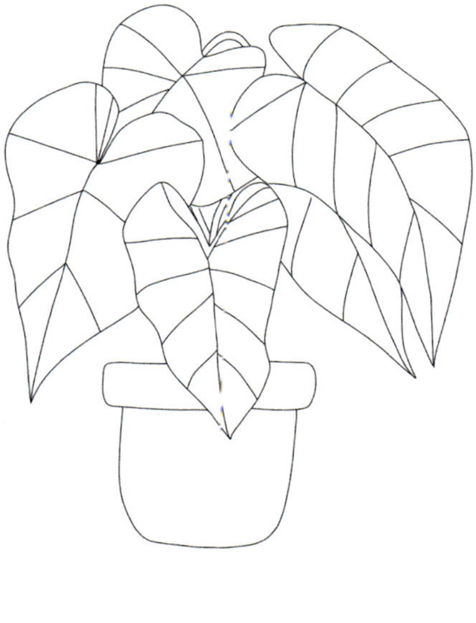

Die besondere Blattform des Philodendrons zeichne ich mir zunächst in einer Bleistiftskizze vor. Da die Grünpflanze an sich schon sehr beeindruckend aussieht, habe ich sie diesmal mit einem einfachen Tontopf kombiniert. Natürlich kannst du dies ganz nach deinem Geschmack anpassen.

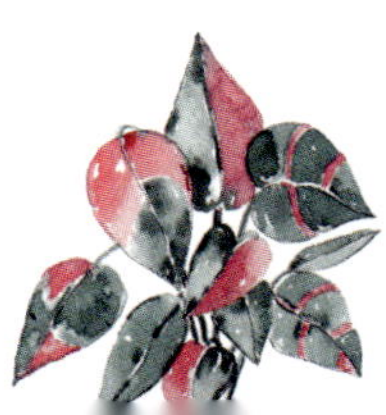

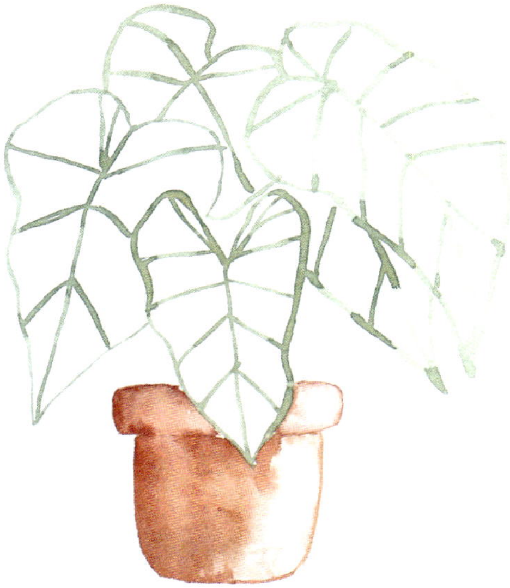

Im zweiten Schritt grundiere ich zunächst den Tontopf in einer Mischung aus Englisch Venezianischrot und Goldbraun mithilfe der Nass-in-Nass-Technik. Dabei achte ich darauf, dass die linke Seite dunkler wirkt und stärker pigmentiert ist als die rechte Seite. Die Blätter umrande ich zunächst in einem hellen Grünton aus Waldgrün, das mit viel Wasser angemischt wird.

Im dritten Schritt fülle ich die Abschnitte in den Blättern mithilfe der Nass-in-Nass-Technik in Perylengrün aus. Hierbei tupfe ich gezielt dunkle Farbe an den angrenzenden Flächen zu den Blattadern auf, um dadurch einen Schatten anzudeuten.

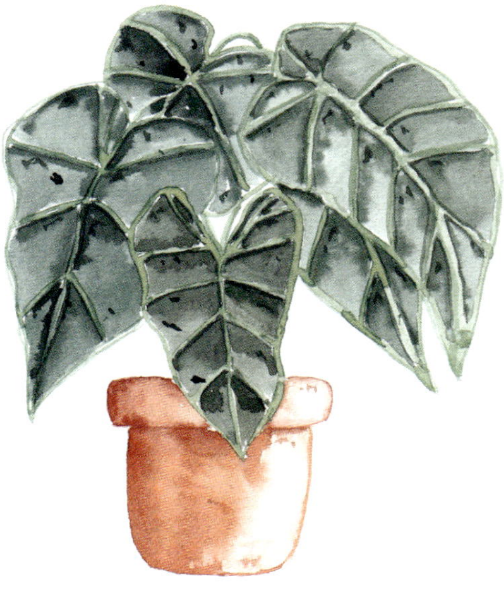

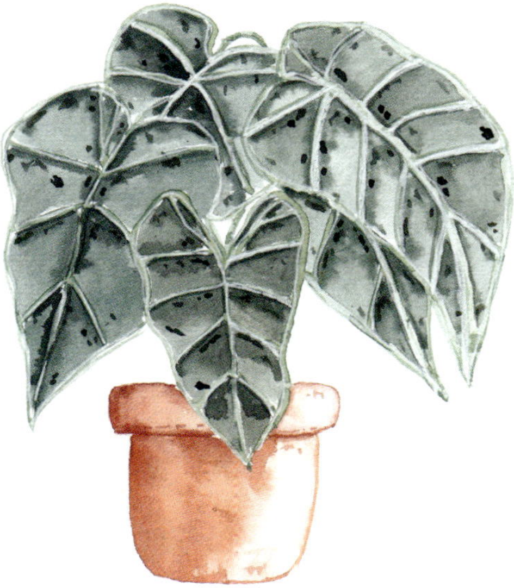

Im letzten Schritt folgen die obligatorischen Farbkleckse und Tupfen. Zudem möchte ich die Blattadern und Ränder nochmals mit einem weißen Gelstift hervorheben und so Akzente setzen.

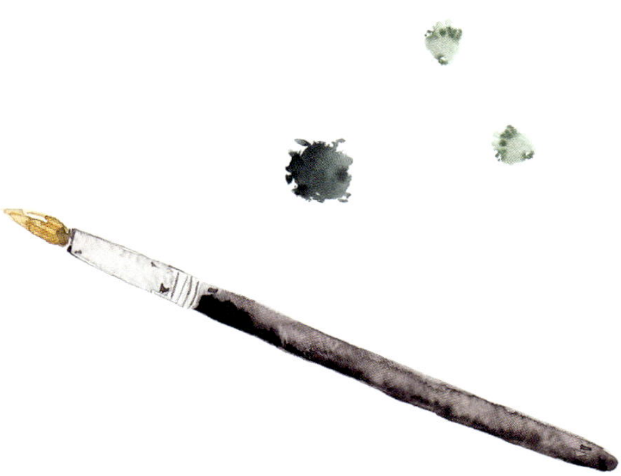

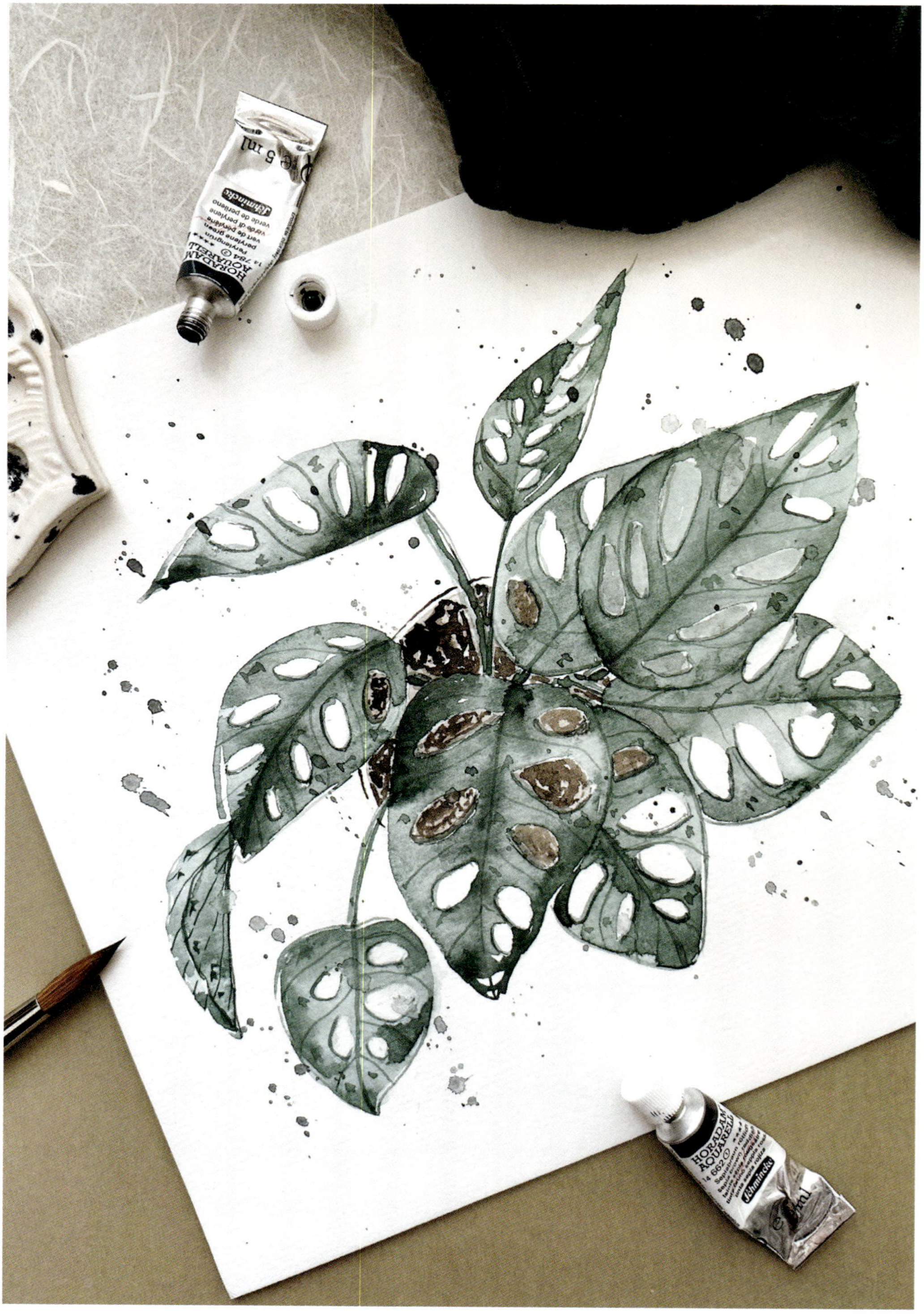
HORADAM
AQUARELL

# Monkey Leaf (Monstera adansonii)

Hast du dich schon einmal gefragt, warum die Monstera eigentlich Löcher in ihren Blättern hat? Forscher vermuten, dass dies auf ihren ursprünglich sonnenarmen Standort im Regenwald zurückzuführen ist. Um wirklich jeden Sonnenstrahl zu nutzen und auch an untere Blätter durchlassen zu können, haben sich über die Jahre die charakteristischen Löcher bewährt. Spannend oder?

## Material

Aquarellfarben: Perylengrün, Sepiabraun rötlich
Rundpinsel in den Größen 0, 2 und 6
Maskierflüssigkeit
Baumwoll-Aquarellpapier 300 g/m² matt

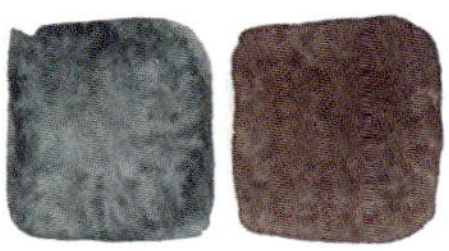

## So wird's gemacht

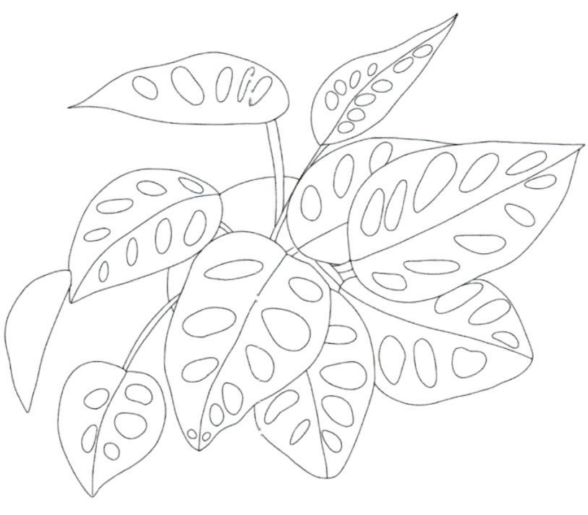

Bei diesem Motiv hilft mir die Vorzeichnung, die Vogelperspektive gut umzusetzen und auch die charakteristischen Monsteralöcher gut in die Blätter einzubauen.

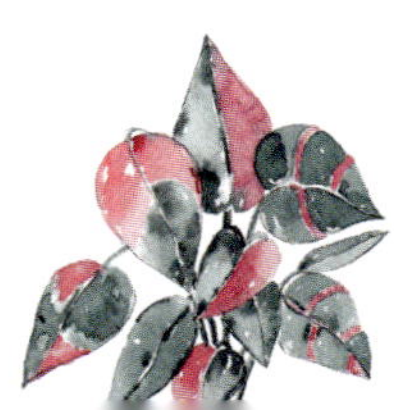

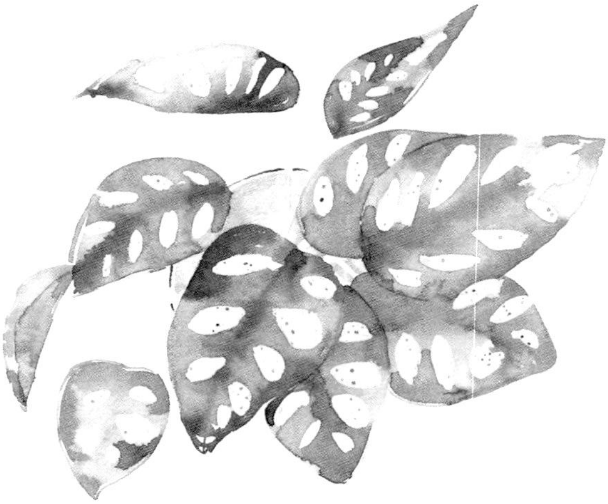

Im zweiten Schritt bedecke ich die Monsteralöcher mit Maskierflüssigkeit und lasse diese Schicht gut trocknen. Am besten testest du zu Beginn an einer unauffälligen Stelle, ob sich die Maskierflüssigkeit und dein Aquarellpapier vertragen. Danach grundiere ich die Monsterablätter in Perylengrün mithilfe der Nass-in-Nass-Technik. Dabei versuche ich, durch abwechselnd dunkle und helle Flächen schöne Farbverläufe zu erzielen und die Pflanze lebhafter zu gestalten.

Sobald die Maskierflüssigkeit und die Farbflächen gut getrocknet sind, kannst du diese vorsichtig entfernen. Danach koloriere ich die Blumenerde in Sepiabraun rötlich. Die Blumenerde wirkt besonders realistisch, wenn du die Farbe nicht flächig aufträgst, sondern tupfst.

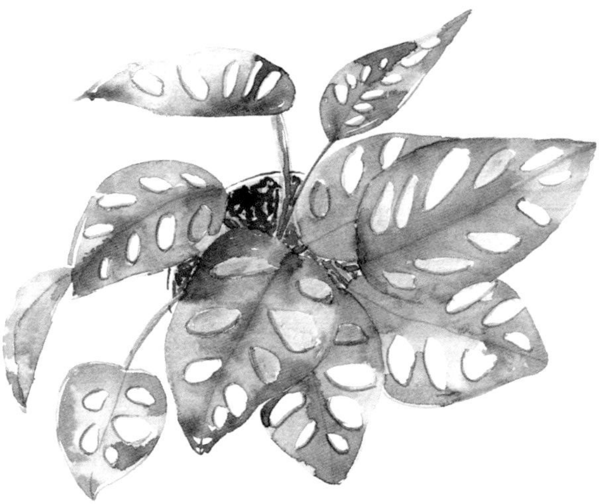

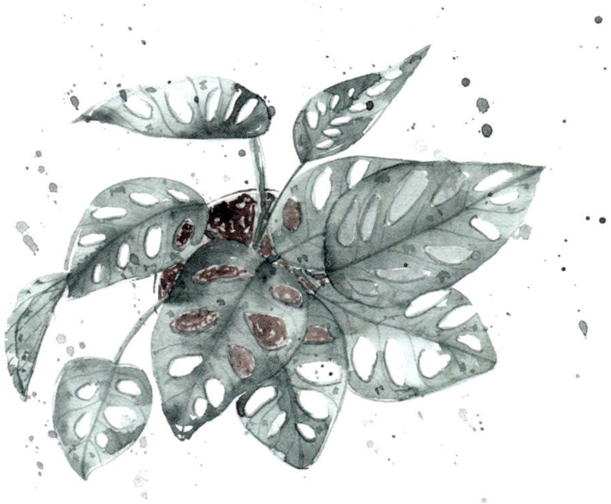

Im letzten Schritt füge ich noch Blattadern und kleine Schatten an den Monsteralöchern hinzu. Diese setze ich mit einem dunklen Perylengrünton und einem kleinen Rundpinsel in der Größe 0. Zum Schluss kannst du auch noch die Blumenerde weiter strukturieren, indem du nochmals dunklere Punkte und Tupfen setzt. Einige Sprenkel verleihen dem Bild noch mehr Dynamik.

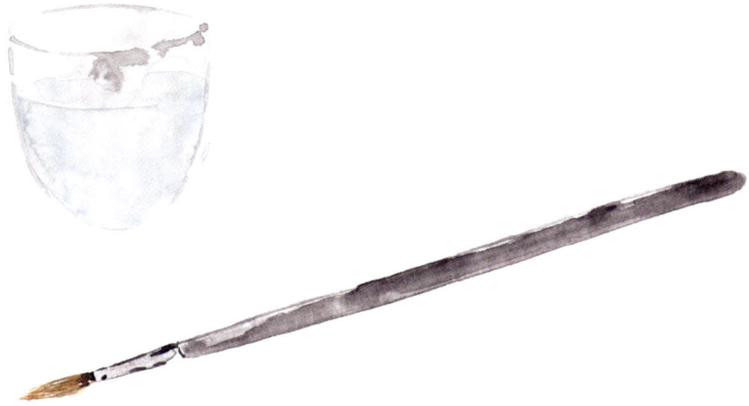

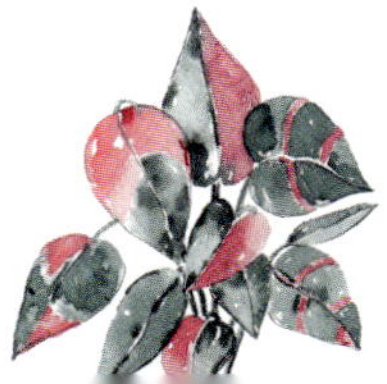

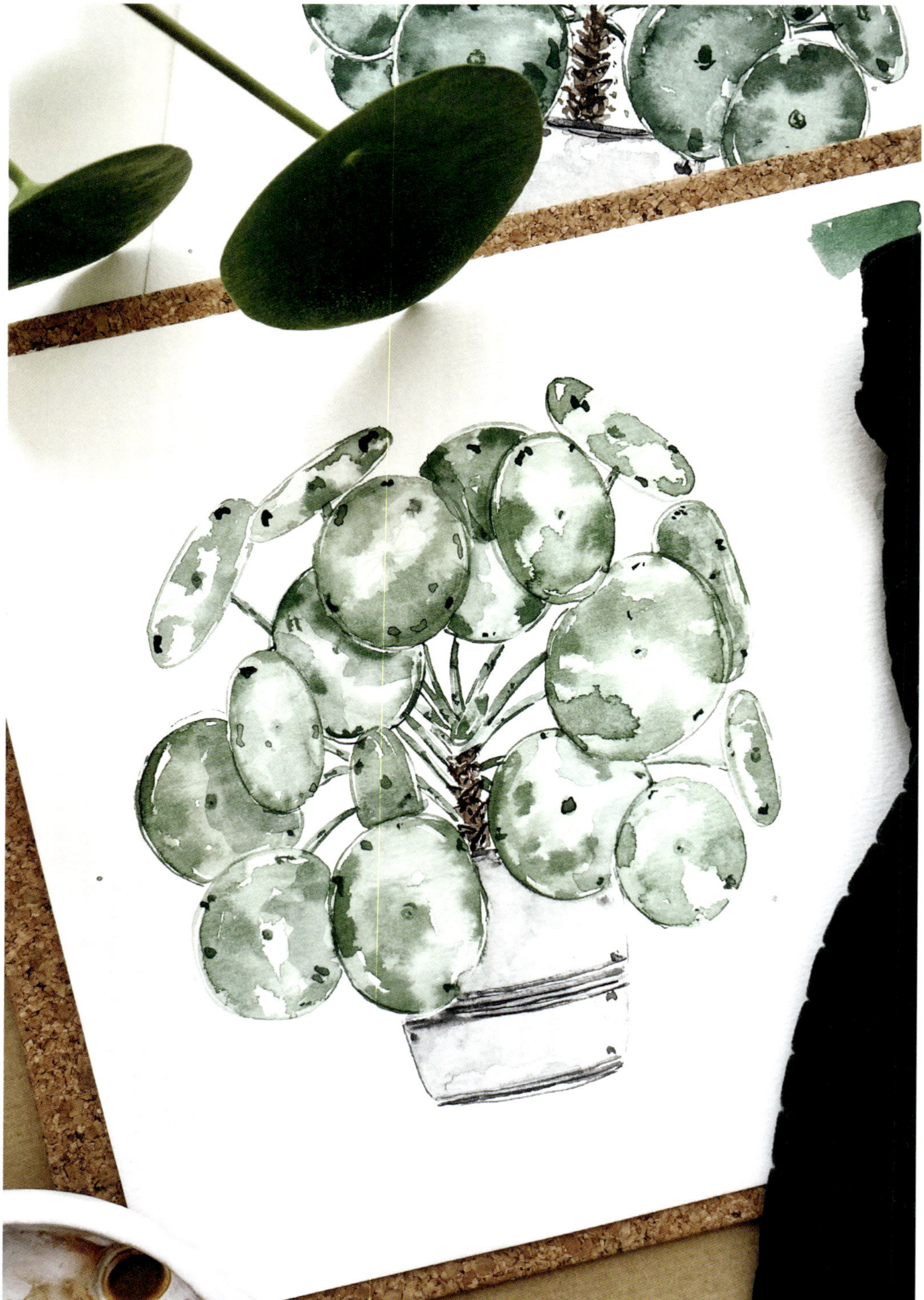

# Pilea

Pilea peperomioides wird auch Ufopflanze oder Chinesischer Geldbaum genannt. Sie war tatsächlich meine erste Grünpflanze, die ich aufs Papier gebracht habe. Das war gar nicht mal so einfach! Daher möchte ich dir hier eine ausführliche Schritt-für-Schritt-Anleitung an die Hand geben, damit das Motiv bei dir sofort gelingt.

## Material

**Aquarellfarben: Permanentgrün oliv, Neutraltinte, Sepiabraun rötlich**
**Rundpinsel in den Größen 0, 2 und 6**
**Baumwoll-Aquarellpapier 300 g/m² matt**

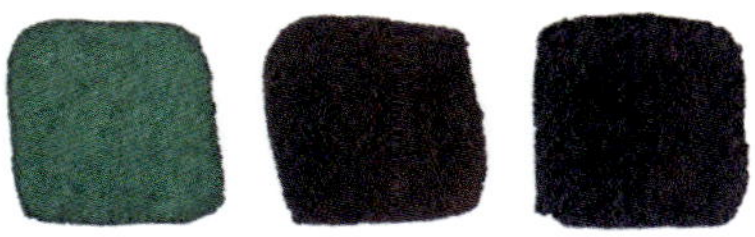

## So wird's gemacht

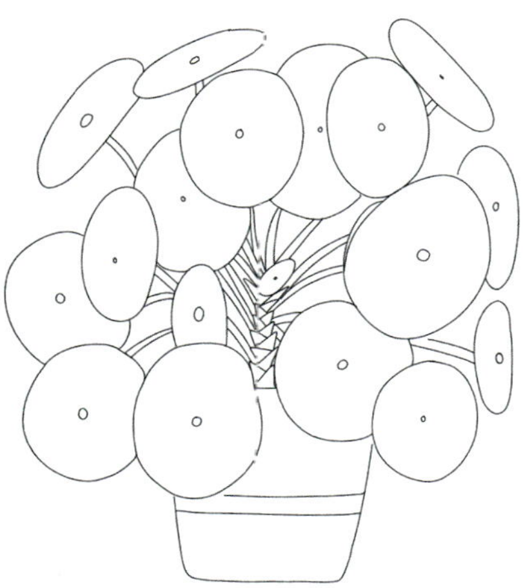

Um die vielen Blätter oder »Ufos« der Pilea schön anzuordnen, empfehle ich dir, auf jeden Fall eine grobe Skizze für dieses Motiv anzulegen. Kombiniert habe ich die Pilea dieses Mal mit einem kleinen Metalltopf.

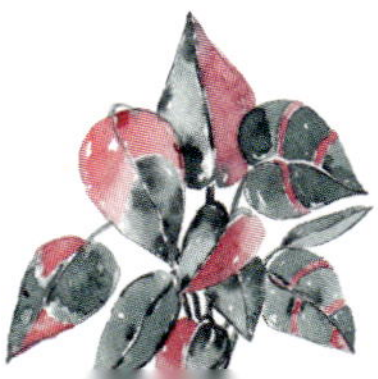

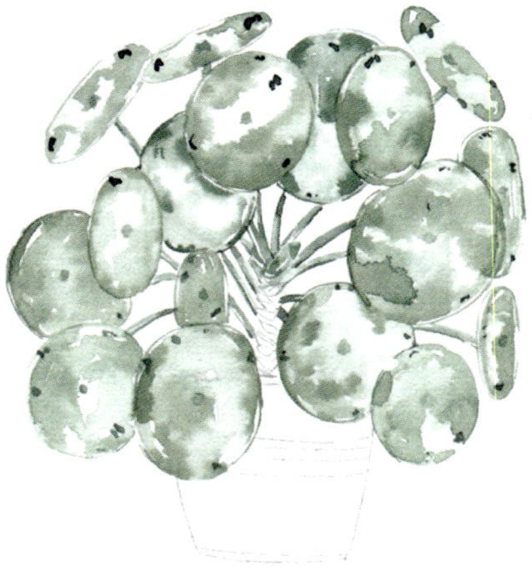

Im nächsten Schritt grundiere ich die einzelnen Blätter in einem hellen Grünton und der Nass-in-Nass-Technik. Den Grünton Permanentgrün oliv dunkle ich dabei zunächst mit Sepiabraun rötlich auf einer separaten Mischpalette leicht ab, sodass er etwas natürlicher wirkt. Die klassische Nass-in-Nass-Technik kombiniere ich mit der von mir sehr geliebten Tupftechnik. Dabei nutze ich ein Tuch und tupfe, solange die Farbe noch nass ist, einige Stellen in dem Motiv heller, bis eine spannende Struktur entsteht. Dieser Effekt wird nochmals verstärkt, wenn du anschließend in die noch nassen Flächen dunklere Farbe tupfst.

Die Blattstiele grundiere ich in demselben Farbton und lasse alles gut trocknen. Danach grundiere ich den braunen Teil der Pflanze mit einem hellen Sepiabraunton und den Metalltopf mit einem hellen Grauton, den ich aus Neutraltinte und Wasser anmische.

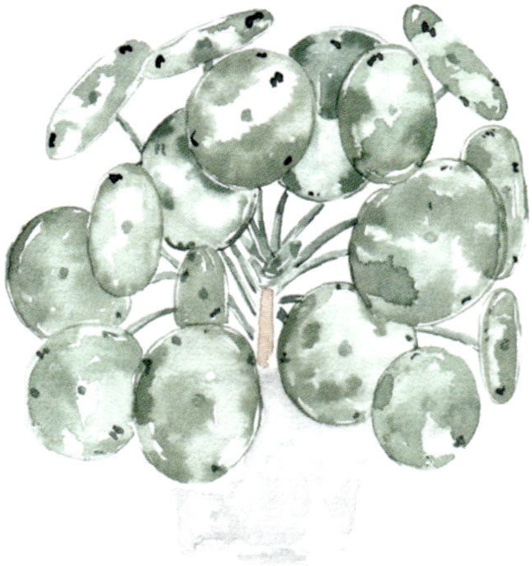

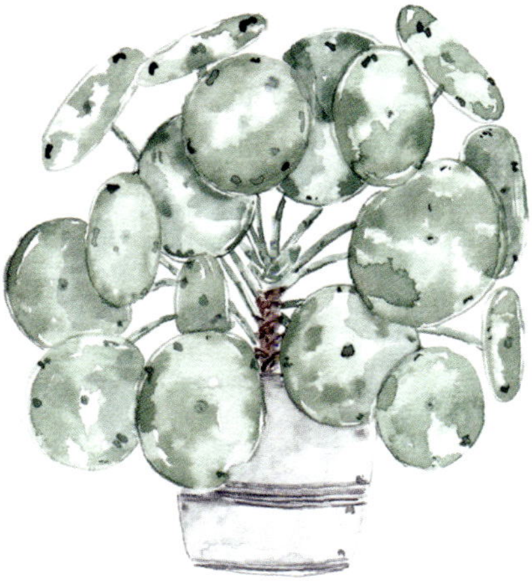

Im letzten Schritt folgen schließlich die Details. Hierbei gestalte ich in einem dunkleren Grauton die kleinen Metallrillen auf dem Topf, der dadurch mehr Struktur bekommt. Zudem male ich den Boden des Topfes dunkler und setze hier und da einige Farbtupfen. Auch die Blätter und Stiele bekommen durch dunklere Akzente etwas Kontrast eingehaucht. Dabei ist oftmals weniger mehr.

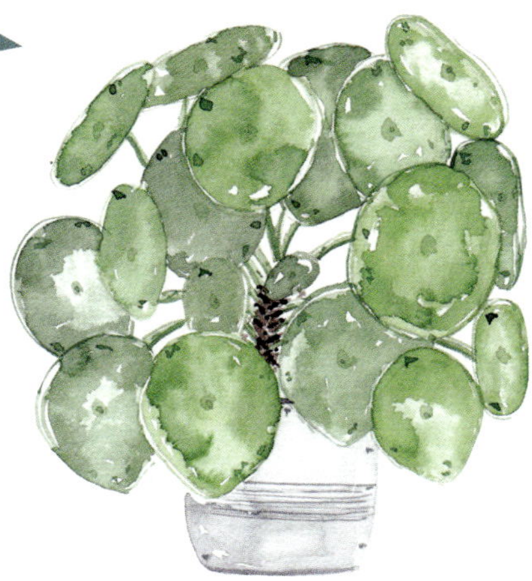

»Alternativer Grünton«

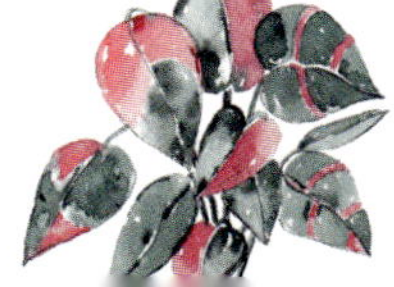

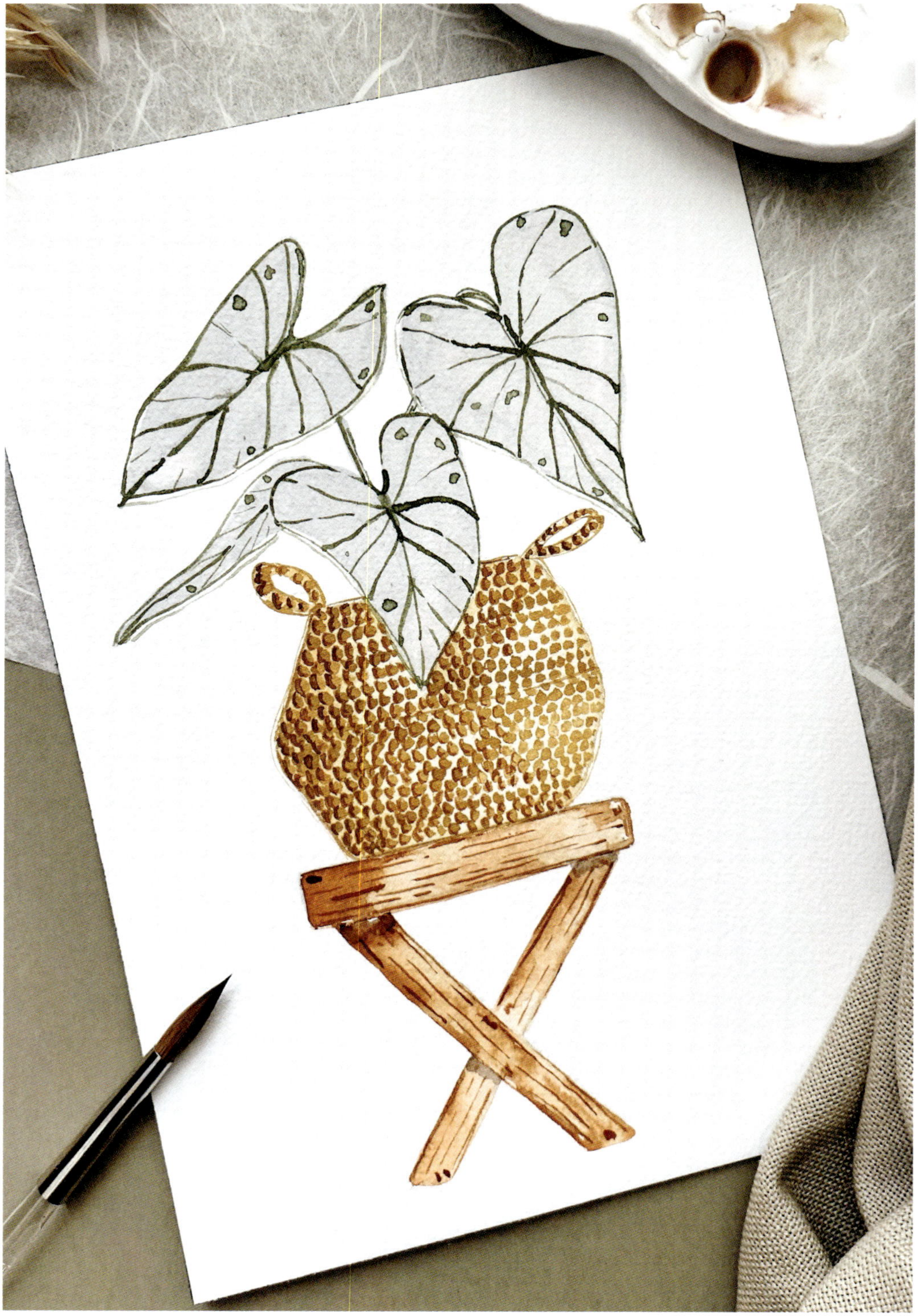

# Caladium »White Christmas«

Diese wunderschönen exotischen Pflanzen begeistern mich wirklich sehr. Gerade weiße Pflanzen und insbesondere Blumen sind mit Aquarellfarben gar nicht so leicht umzusetzen. Deswegen habe ich hier auf eine Mischung aus Aquarell- und Gouachefarben zurückgegriffen.

## Material

Aquarellfarben: Mischweiß Schmincke Designers Gouache, Neapelgelb, Lasur Ocker, Goldbraun, Waldbraun
Rundpinsel in den Größen 2 und 6, Schlepperpinsel in der Größe 0
Baumwoll-Aquarellpapier 300 g/m² matt

## So wird's gemacht

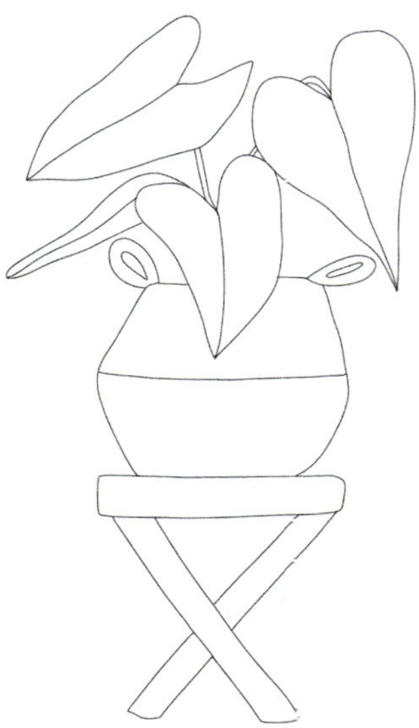

Bei diesem Motiv starte ich wiederum mit einer Vorzeichnung. So kann ich die Proportionen zwischen der Pflanze, dem Korb und dem Tisch am besten festlegen. Wenn ich direkt mit der Aquarellfarbe loslege, gefällt mir diese Abstimmung oftmals nicht auf Anhieb, aber das kommt sicher mit zunehmender Übung.

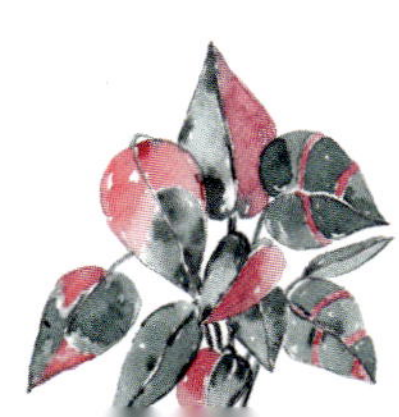

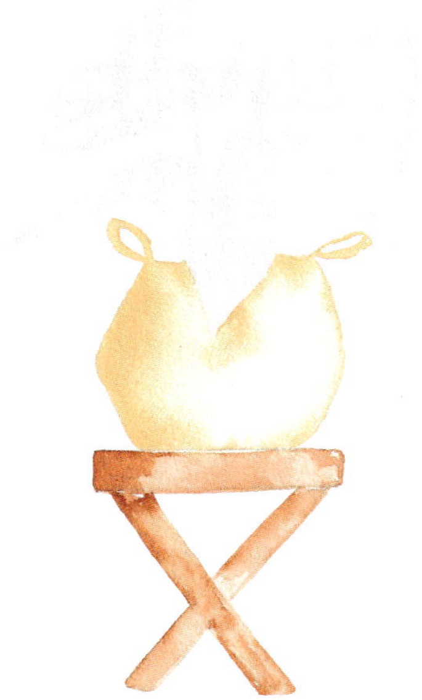

Im zweiten Schritt grundiere ich die verschiedenen Bereiche des Motivs. Für die Blätter mische ich mir einen Grau-Weiß-Ton mit Gouache und Neutraltinte an. Weißtöne auf weißem Aquarellpapier umzusetzen ist nicht so einfach. Daher mische ich den Weißton mit Absicht etwas dunkler, damit sich dieser besser vom Papier abhebt. Den Korb grundiere ich in einer Mischung aus Neapelgelb und Lasur Ocker. Den Tisch grundiere ich in einem hellen Goldbraunton. Bei der Grundierung achte ich darauf, eine Seite des Motivs etwas dunkler zu gestalten, um einen Schatten anzudeuten.

Im dritten Schritt widme ich mich einigen Details. Bevor du die Blattadern mit einem Schlepperpinsel in der Größe 0 malen kannst, muss die Grundierung gut getrocknet sein. Zudem solltest du sparsam mit Wasser umgehen, ansonsten löst du die erste Schicht wieder an. Die Blattadern kannst du dir auch ganz leicht mit einem Bleistift vorzeichnen. Die Holzmaserung male ich ebenfalls mit dem feinen Schlepperpinsel und einem Goldbraunton auf. Die Struktur des Korbes deute ich mit kleinen Punkten in Lasur Ocker an, die ich mit einem kleinen Rundpinsel in das Motiv setze.

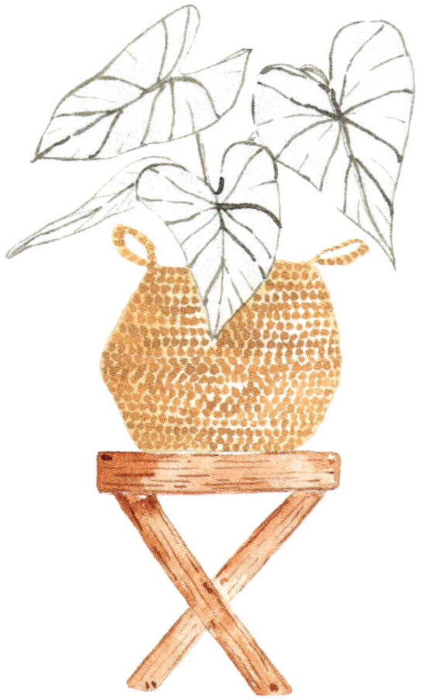

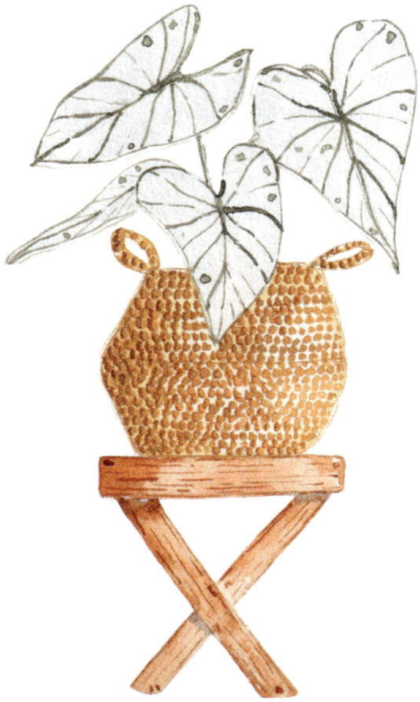

Im letzten Schritt folgen noch einige Schatten und weitere Details. Mit einem hellen Grauton setze ich zunächst Schatten an dem Holztisch. Hierbei solltest du sparsam mit Wasser umgehen und gleichzeitig nicht zu dunkel arbeiten. Zudem setze ich mit dem feinen Schlepperpinsel und einem dunkleren Ockerton kleine Halbmonde als Schatten auf die Korbstruktur. Die kleinen Details machen wirklich noch mal einiges aus!

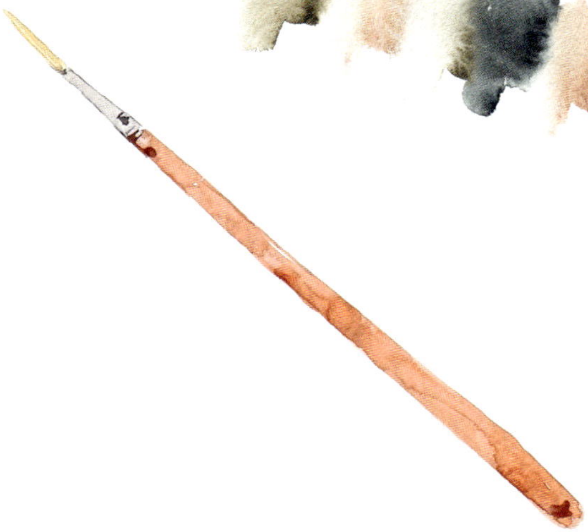

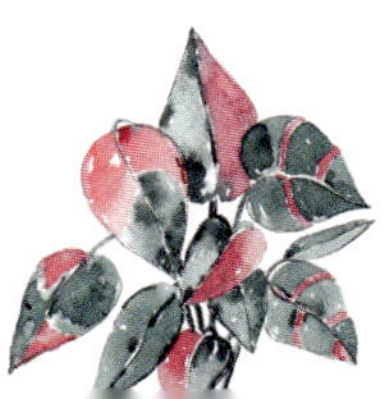

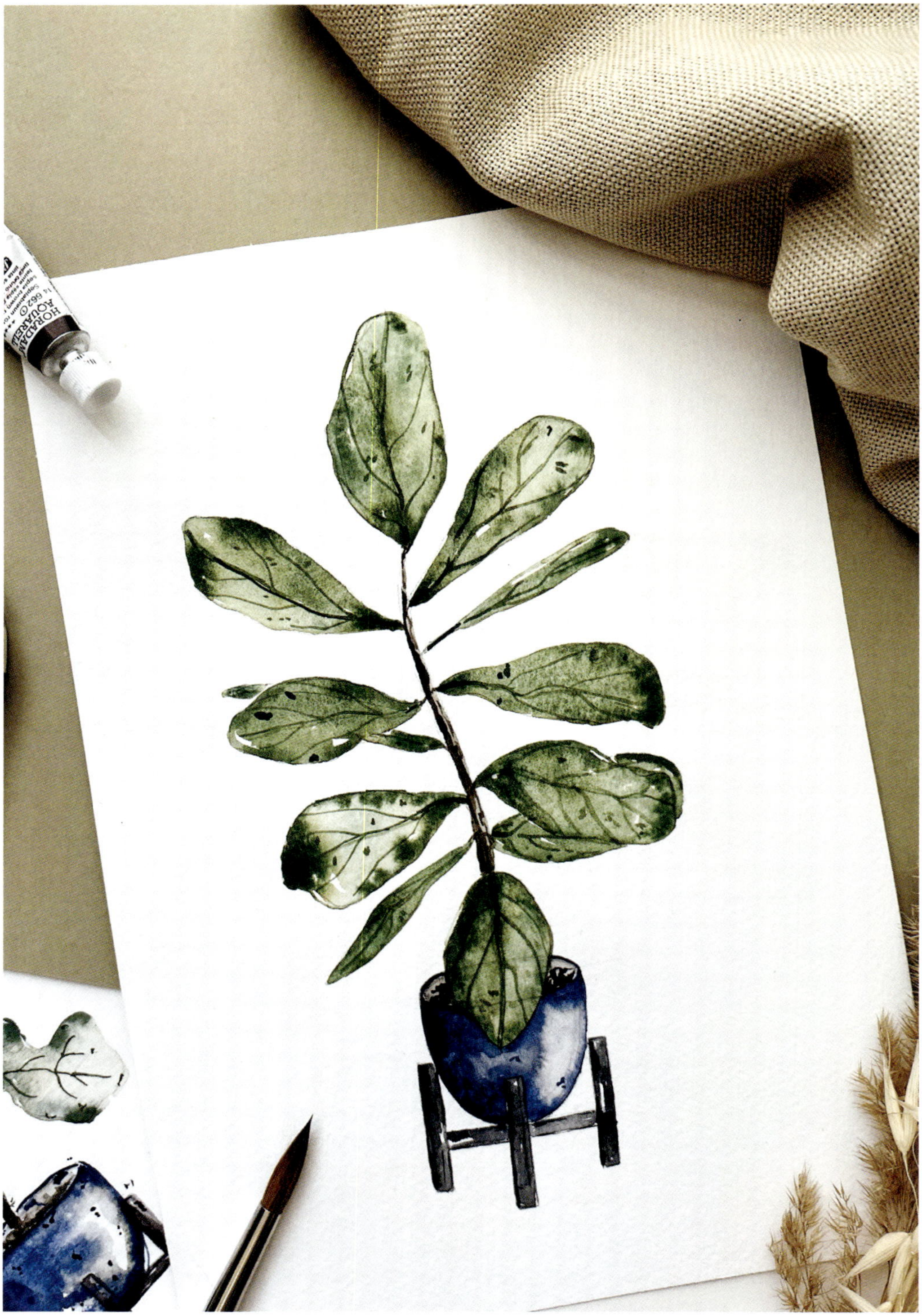

# Ficus lyrata

Dieser Ficus heißt auch Geigenfeige und steht als Modell an meinem kreativen Arbeitsplatz. Er hat so lieb geschaut, da musste ich ihn einfach mit in dieses Buch aufnehmen.

## Material

**Aquarellfarben: Waldbraun, Tundrablau, Sepiabraun rötlich, Neutraltinte**
**Rundpinsel in den Größen 0, 2 und 6**
**Baumwoll-Aquarellpapier 300 g/m² matt**

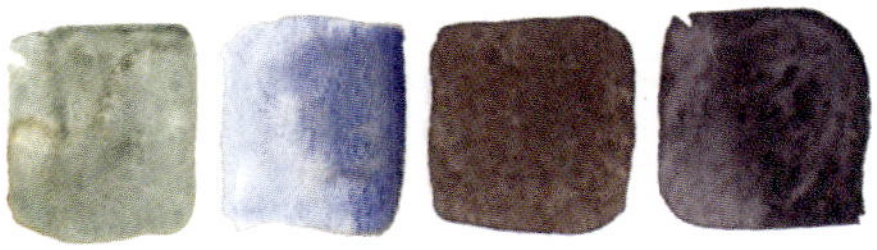

## So wird's gemacht

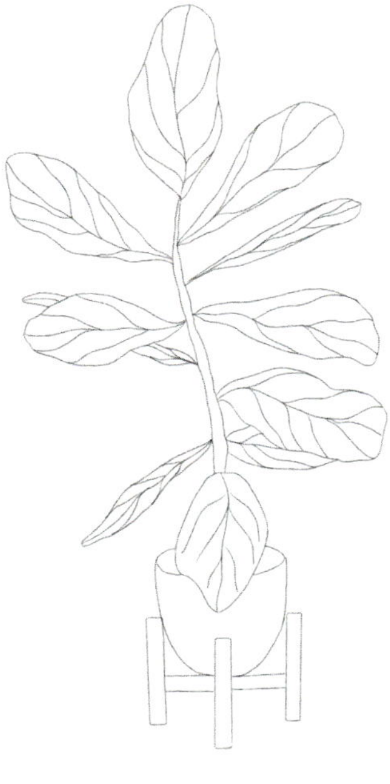

Die Geigenfeige wächst auf keinen Fall kerzengerade und hat auch relativ unregelmäßig geformte Blätter. Beide Aspekte baue ich bereits in meine Vorzeichnung ein, damit ich mich in den darauffolgenden Schritten nur auf das Illustrieren konzentrieren kann.

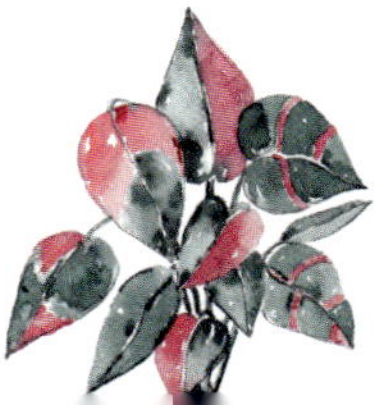

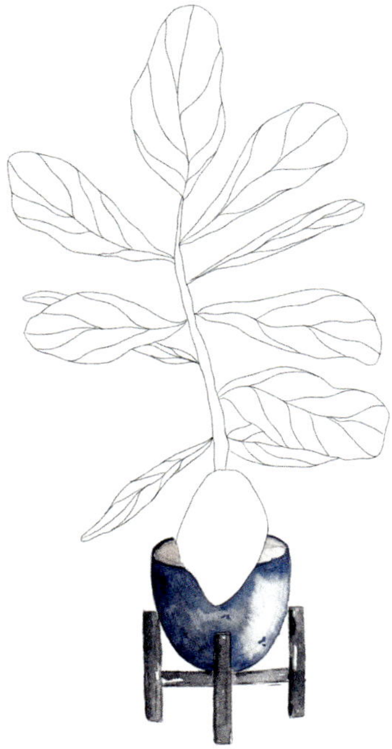

Was das Motiv betrifft, so habe ich sowohl für den Topf als auch für die Blätter einen granulierenden Farbton ausgewählt. Dieser schafft dank seiner Eigenschaften jeweils eine tolle Struktur. Dabei beginne ich, den Topf und die Metallfüße in der Nass-in-Nass-Technik zu grundieren.

Im nächsten Schritt werden dann nach und nach die jeweiligen Blätter gestaltet. Dabei versuche ich ebenfalls, mit der Nass-in-Nass-Technik tolle Farbverläufe zu schaffen. Granulierende Farben wirken besonders in Verbindung mit viel Wasser spannend. Daher solltest du im Grundierungsschritt möglichst hell arbeiten.

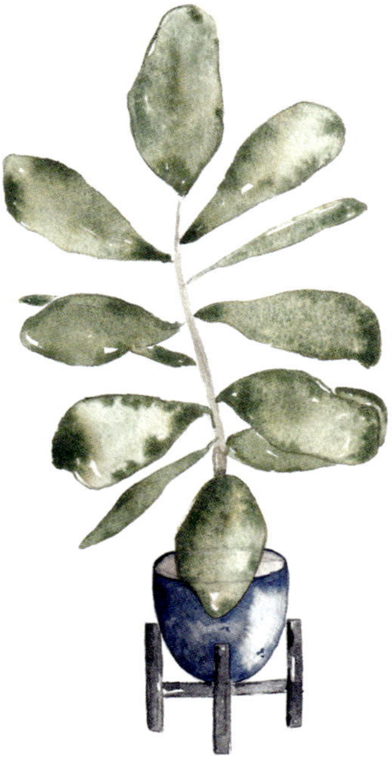

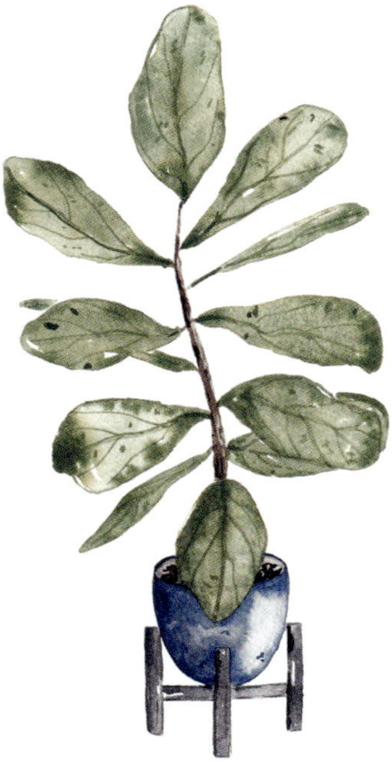

Zu guter Letzt folgen die unterschiedlichen Details. Die Blattadern setze ich erneut mit einem Rundpinsel in der Größe 0 und demselben Grünton, mit dem ich auch bereits die Blätter grundiert habe. Dabei mische ich die Farbe in diesem Schritt jedoch mit weniger Wasser an, damit sie dunkler erscheint. Natürlich dürfen auch hier kleine Farbkleckse und Tupfen nicht fehlen, um das Bild aufzulockern.

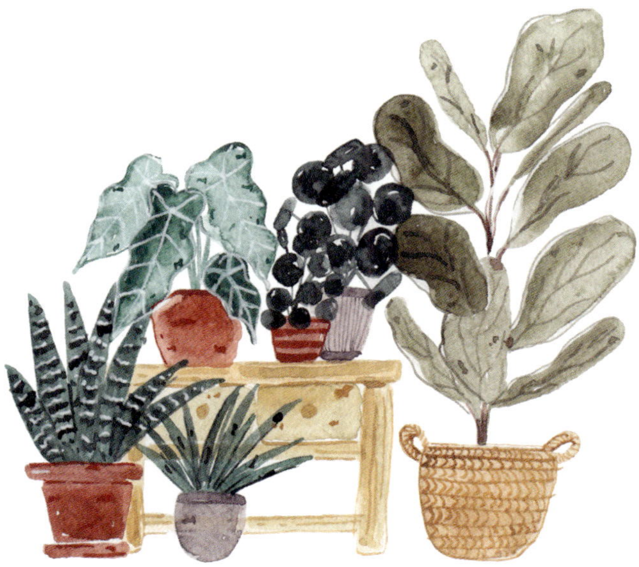

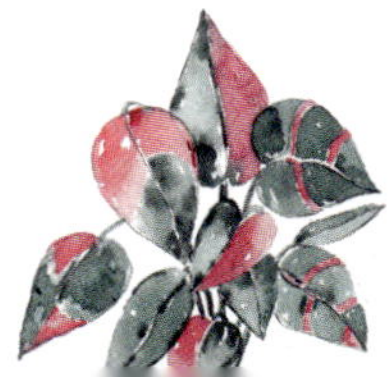

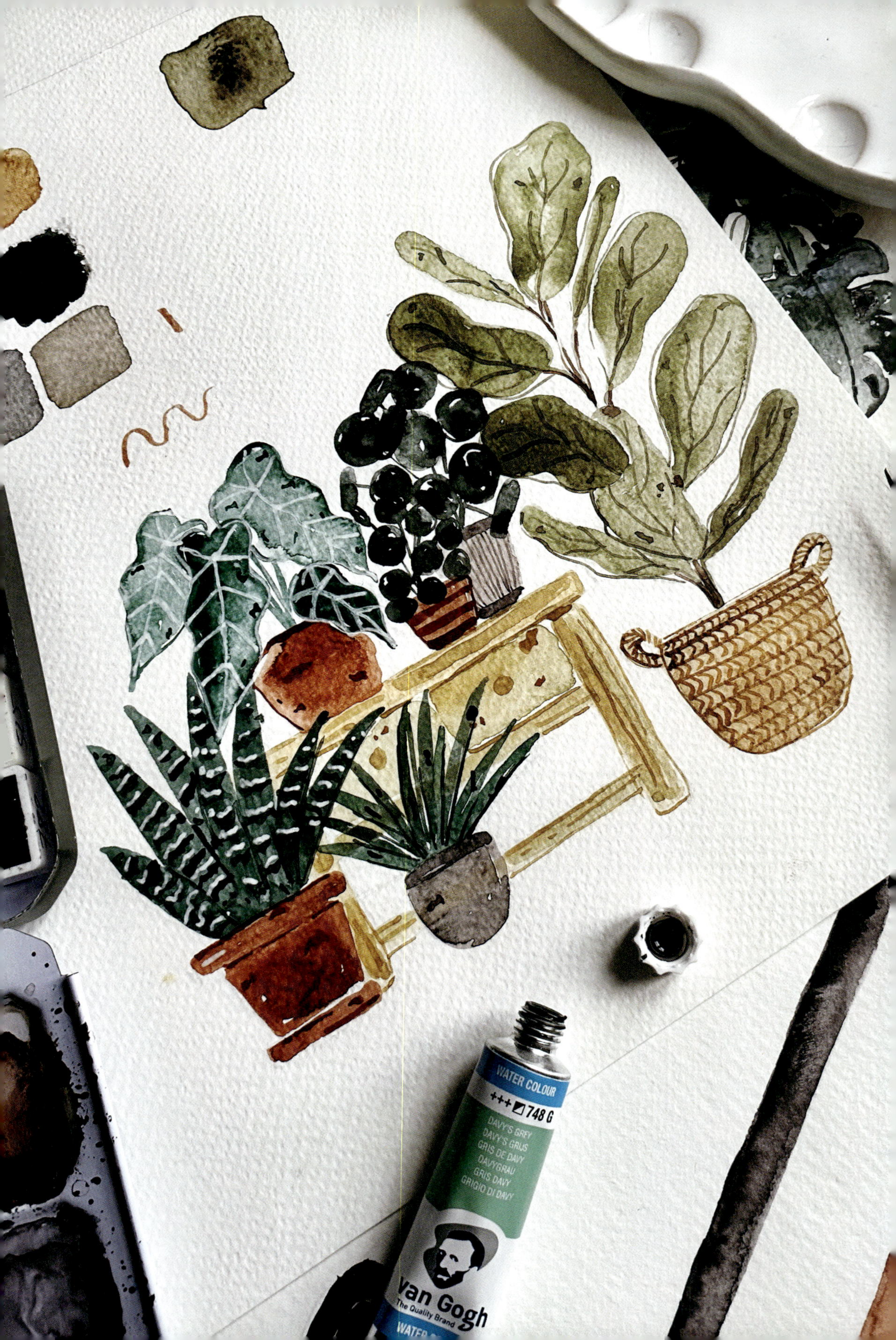
WATER COLOUR
+++ 748 G
DAVY'S GREY
DAVY'S GRIJS
GRIS DE DAVY
DAVYGRAU
GRIS DAVY
GRIGIO DI DAVY
Van Gogh
The Quality Brand

# Interior Greenery

Im letzten Kapitel hast du meine liebsten einzelnen Grünpflanzen Schritt für Schritt kennen- und hoffentlich – so wie ich – lieben gelernt. Daher möchte ich dir in diesem Kapitel zeigen, wie du sie in »Interior«-Szenen einbauen und damit tolle Illustrationen gestalten kannst. Lege dir deine Pinsel bereit und wir gestalten gemeinsam deinen Urban Jungle auf dem Papier.

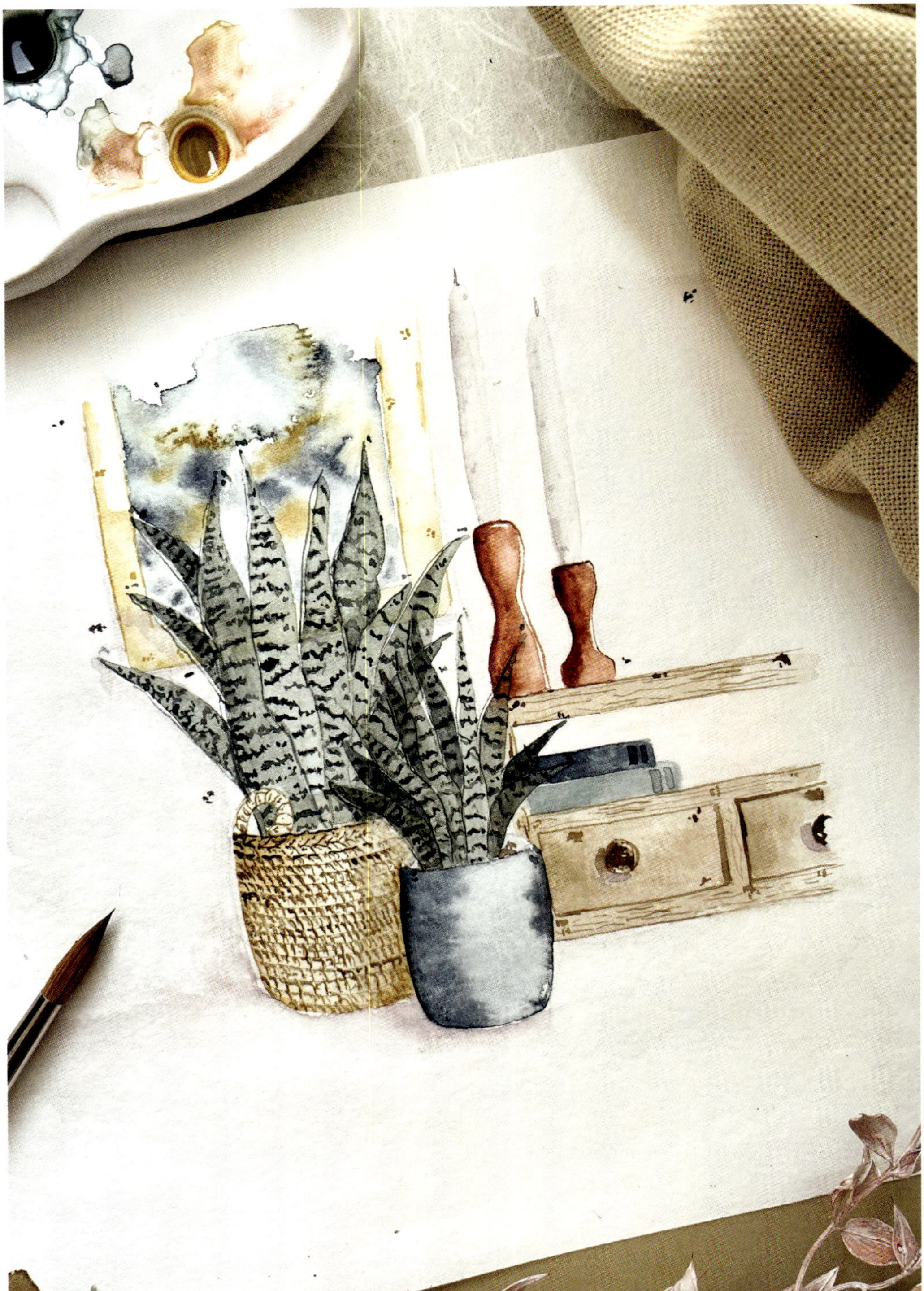

# Bogenhanf

Mit diesem ersten Urban Jungle möchte ich dir noch eine weitere Grünpflanze vorstellen: den Bogenhanf. Wenn du deine Fertigkeiten bereits an den anderen Grünpflanzen trainiert hast, wird dir die Gestaltung dieser Pflanze nicht allzu schwer fallen. Auf die Pinsel – fertig – los!

## Material

- Aquarellfarben: Neapelgelb, Goldbraun, Lasur Ocker, Sepiabraun rötlich, Indischrot, Perylengrün, Indigo, Bergblau, Neutraltinte
- Rundpinsel in den Größen 0, 2 und 6
- Baumwoll-Aquarellpapier 300 g/m² matt

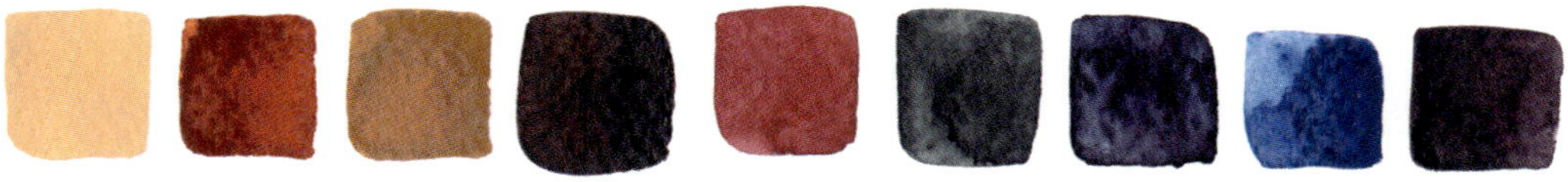

## So wird's gemacht

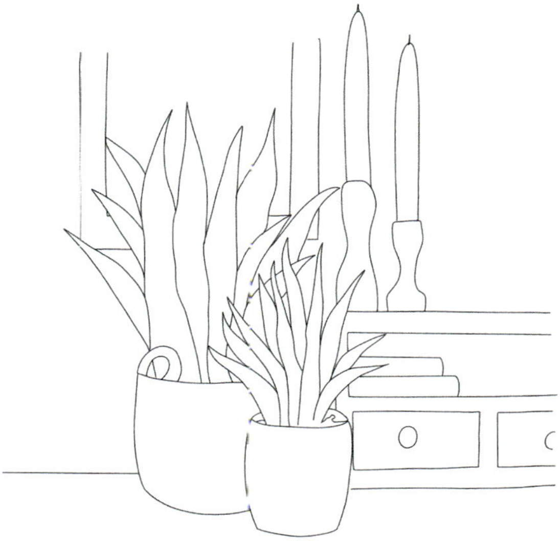

Bei unserem ersten Urban Jungle-Motiv starten wir zunächst mit einer Bleistiftskizze. Sie hilft mir dabei, komplexe Motive gut zu strukturieren und zu planen, denn oftmals klappt nicht jeder Entwurf im ersten Versuch.

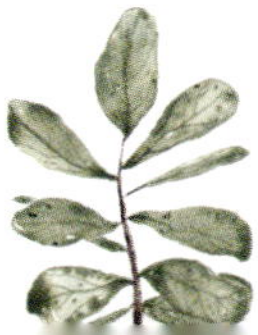

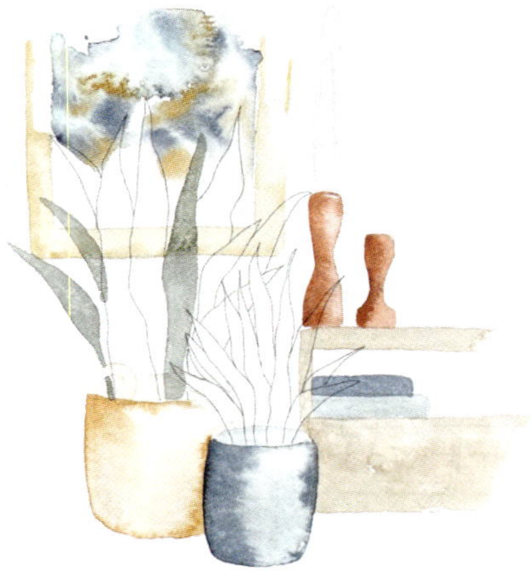

Im zweiten Schritt geht es an die Grundierung. Da später die Grünpflanzen im Mittelpunkt stehen sollen, halte ich das Bild im Hintergrund eher abstrakt. Den Bilderrahmen grundiere ich dabei in einem hellen Neapelgelbton. Das Bild an sich erhält einen Farbverlauf in Indigo, Neapelgelb und Goldbraun mittels der Nass-in-Nass-Technik. Dieselben Farbtöne finden sich auch in den Töpfen der Pflanzen wieder. Dies hilft dabei, dass das Bild am Ende schön harmonisch aussieht. Die Kommode grundiere ich in einem hellen Sepiabraunton und die Kerzenhalter in Indischrot. Die Kerzen deute ich mit einem sehr hellen Grauton an. Für die Bücher verwende ich Indigo und Bergblau.

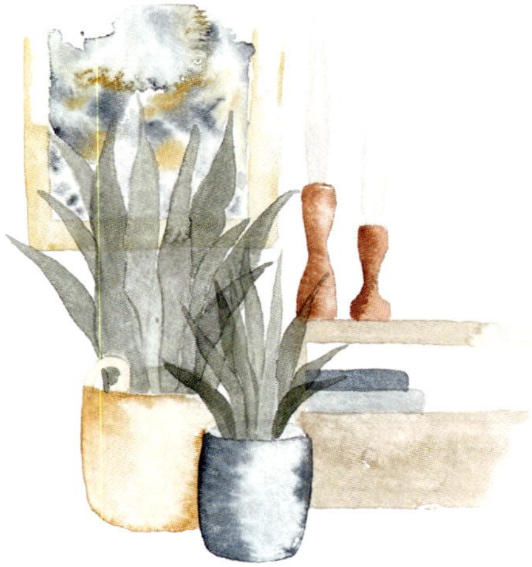

Um die Bogenhanfblätter zu malen, mische ich zunächst einen hellen Grünton mit etwas Wasser an. Wie du in dem Bild erkennen kannst, arbeite ich in diesem Schritt mit einer sehr transparenten Farbmischung, da ich die Blätter zu einem späteren Zeitpunkt noch mit dunklen Akzenten versehen möchte. Diese wirken besonders schön, wenn der Untergrund möglichst hell bleibt.

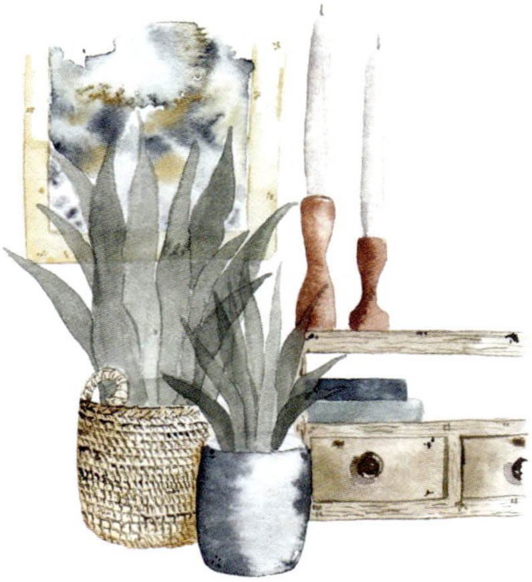

Nun geht es ans Eingemachte bzw. an die Details. In diesem Schritt bekommt der helle Korb seine bastartige Struktur mit einer Mischung aus Lasur Ocker und Goldbraun. Hierfür nehme ich einen feinen Rundpinsel in der Größe 0 und male kleine Halbmonde. Die Holzkommode bekommt auch eine Maserung und Struktur sowie dunkle Holzknöpfe.

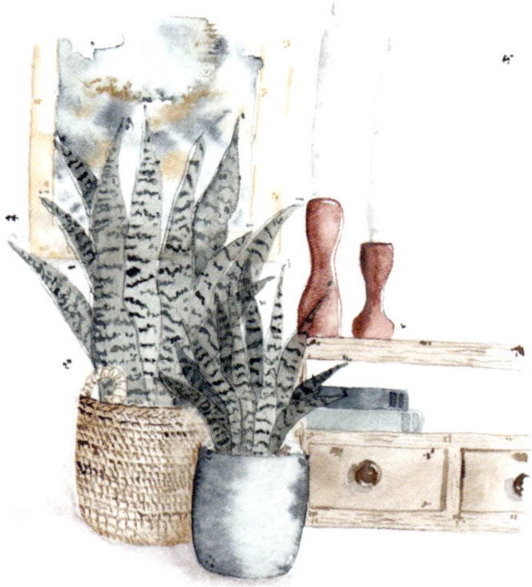

Zu guter Letzt tupfe ich mit einem dunklen Grünton die charakteristischen Punkte des Bogenhanfs auf. Diese kannst du beispielsweise auch mit einem weißen Gelstift setzen, denn es gibt sowohl Sorten mit dunklen als auch mit hellen Mustern. Darüber hinaus deute ich mit einem hellen Grauton noch ein wenig Wand- und Bodenstruktur an.

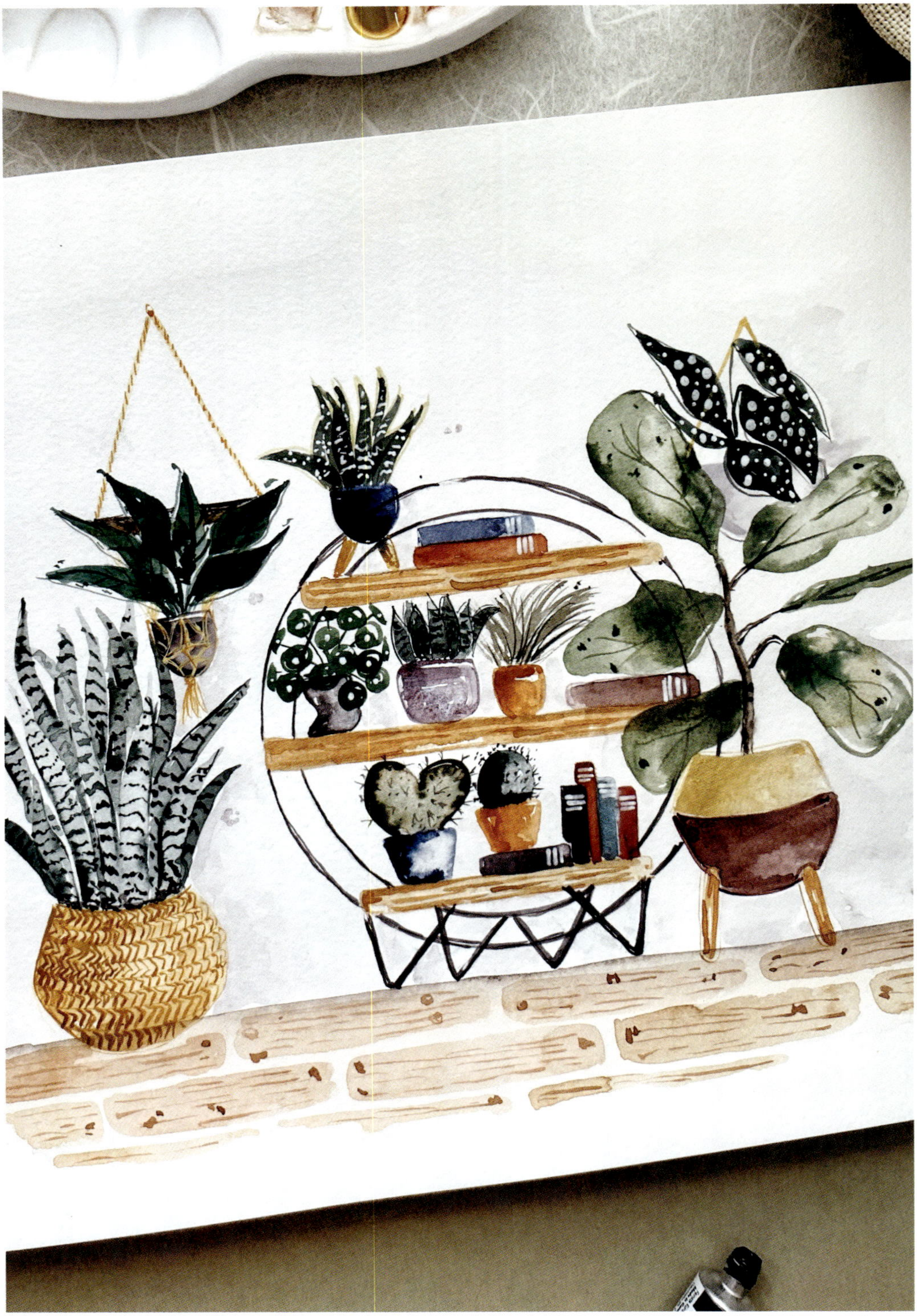

# Pflanzenregal

Natürlich darf bei dem Thema »Urban Jungle« ein stylishes Pflanzenregal nicht fehlen. Überlege einfach, welche deine liebsten Grünpflanzen sind, und baue sie in dieses Motiv ein, denn damit lassen sich individuelle Vorstellungen sehr schön umsetzen.

## Material

- Aquarellfarben: Neapelgelb, Sepiabraun rötlich, Perylengrün, Indischrot, Perylenviolett, Indigo, Lasur Ocker, Goldbraun, Neutraltinte, Tundrarosa, Tundrablau, Waldbraun
- Rundpinsel in den Größen 0, 2 und 6, Verwaschpinsel Größe 2
- Baumwoll-Aquarellpapier 300 g/m² matt
- Weißer Gelstift

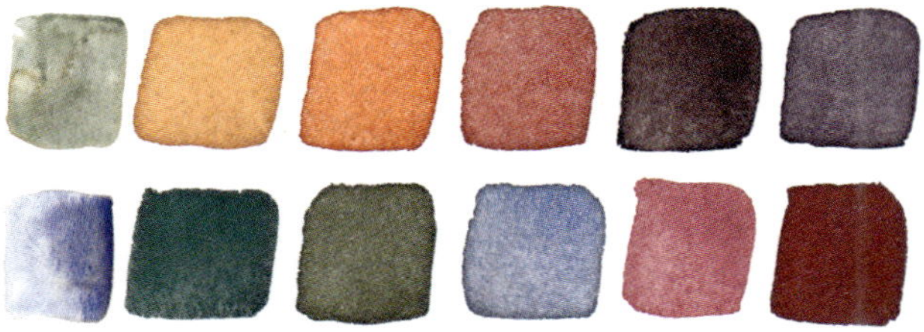

## So wird's gemacht

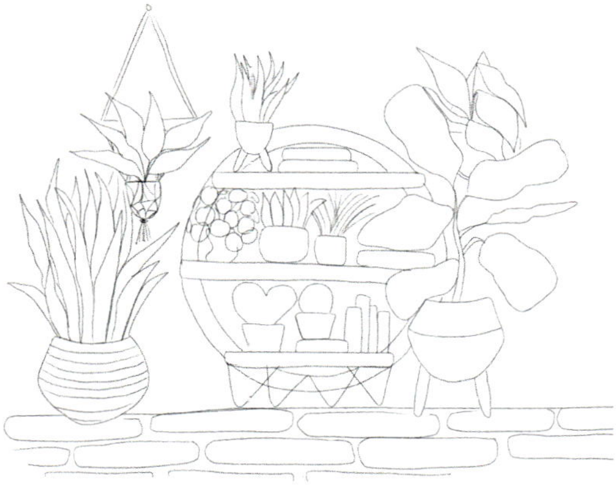

Bei diesem komplexeren Arrangement zeichne ich mir zunächst alle wichtigen Elemente mit einem Bleistift vor. Dabei arbeite ich oft mit Fotovorlagen als Inspiration, denn sie erleichtern mir die Umsetzung. Diese kannst du natürlich nach Belieben abändern.

Im zweiten Schritt grundiere ich zunächst den Hintergrund mit einem großen Verwaschpinsel. Für die Wand verwende ich sehr stark verdünnte Neutraltinte, für den Boden einen Goldbraunton. Hierbei kannst du gerne etwas gröber malen und Ecken leicht ausfransen lassen. Diesen Effekt erziele ich, indem ich den etwas trockenen Pinsel ganz auf das Papier drücke, wodurch automatisch Weißräume entstehen.

Nachdem die Grundierung gut getrocknet ist, fange ich an, einige kleinere Flächen zu grundieren. Meist arbeite ich von groß nach klein und reduziere dabei auch nach und nach meine Pinselgröße. Das Regal steht im Mittelpunkt der Illustration, daher starte ich auch mit diesem.

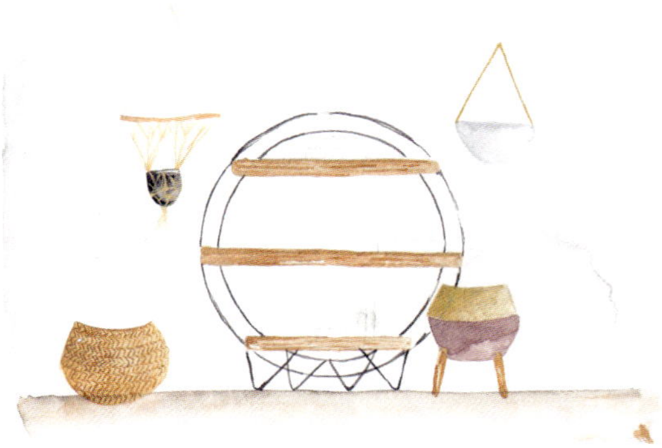

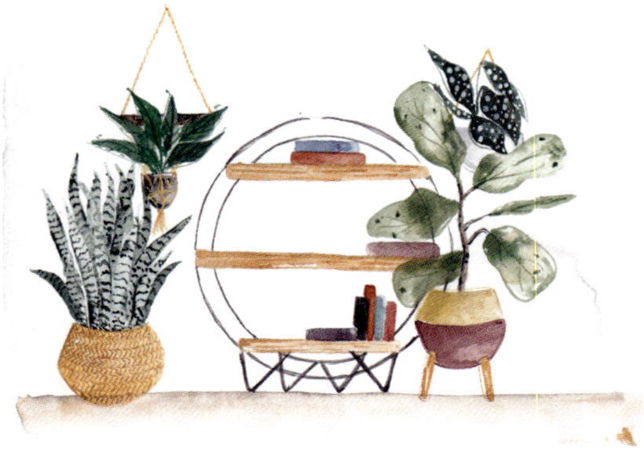

Sind die Möbelstücke grundiert, mache ich mit den Grünpflanzen weiter. Hierfür verwende ich verschiedene Grüntöne, damit die Illustration lebendig aussieht. Dabei kombiniere ich granulierende und nicht granulierende Farbtöne, um noch mehr Struktur zu schaffen. Die einzelnen Schritt-für-Schritt-Anleitungen für die Grünpflanzen findest du in den vorherigen Kapiteln. Sobald die Flächen getrocknet sind, setze ich die Struktur für den Korb und die Bogenhanfpflanze.

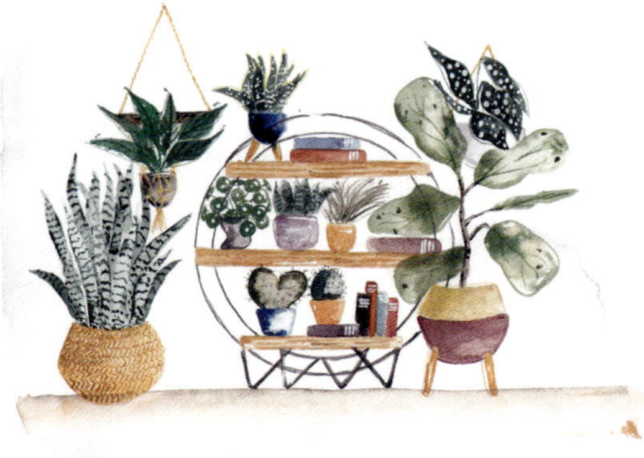

Nach und nach bekommen auch die anderen Pflanzen mehr Details wie Blattadern, Tupfen und Ähnliches. Dabei nutze ich meist dieselben Grüntöne in einer dunkleren Version, die ich mit weniger Wasser angemischt habe. Mit einem weißen Gelstift setze ich dann weitere Details, beispielsweise an den Buchrücken, oder auch weitere Tupfen und Lichtreflexe.

Im letzten Schritt ergänze ich noch einen Holzfußboden in Goldbraun. Hierfür grundiere ich zunächst längliche Paneele und lasse sie gut trocknen. Im zweiten Schritt setze ich dann mit einem feinen Rundpinsel die Holzmaserung in einem dunkleren Braunton.

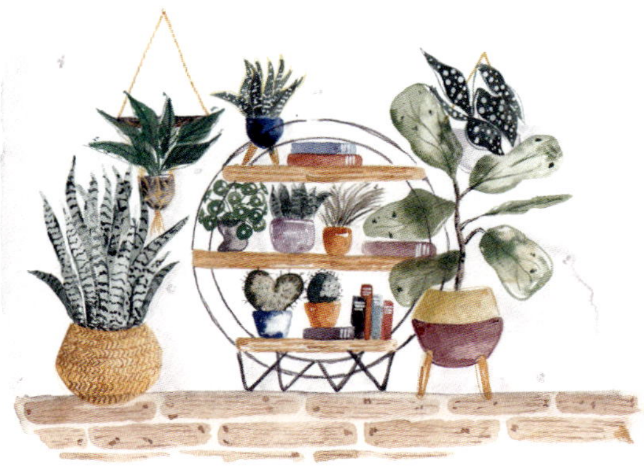

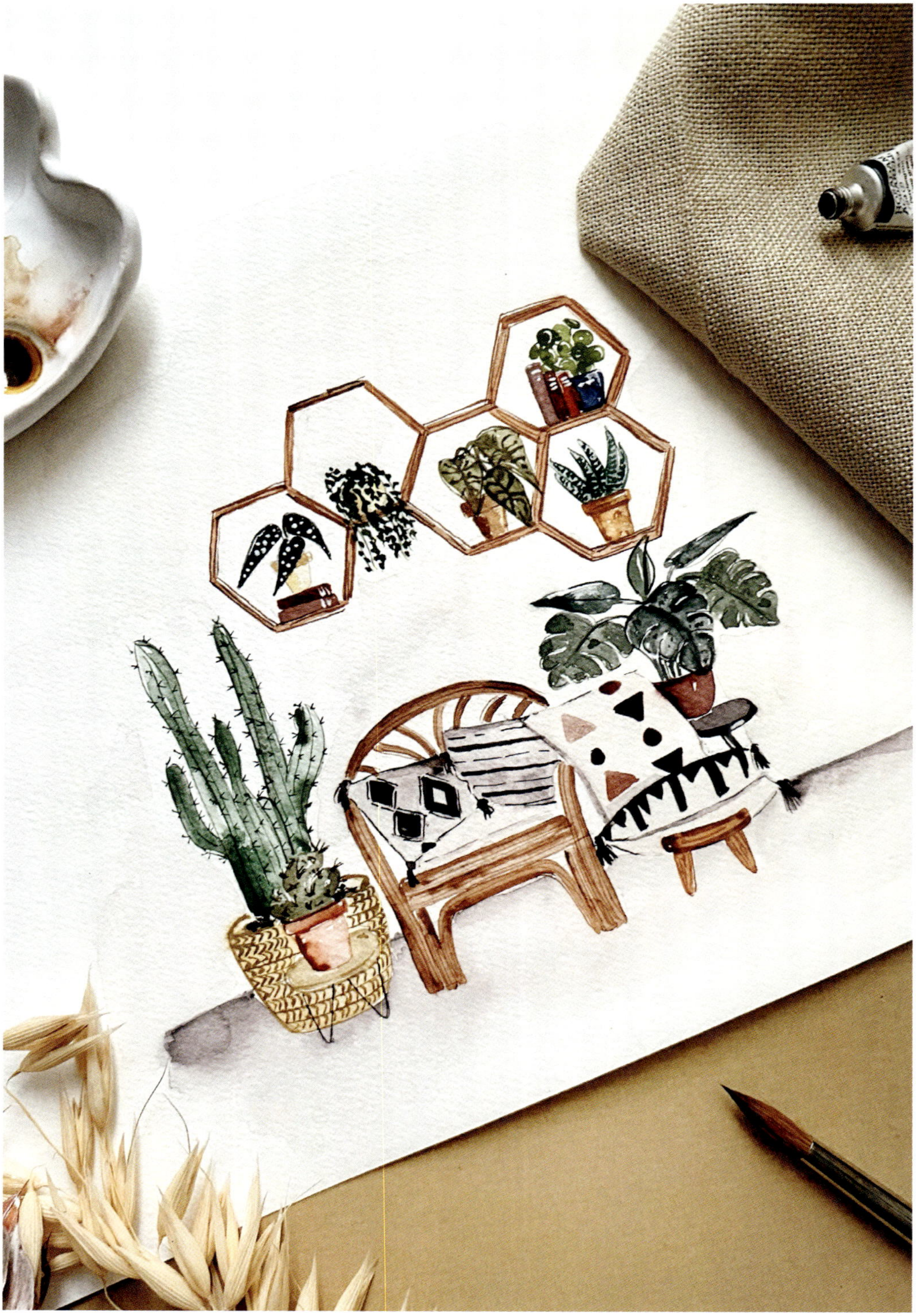

# Urban Jungle und Interior

Das vorherige Pflanzenregal hat mich so begeistert, dass ich unbedingt noch ein Interior-Motiv umsetzen wollte. Ebenfalls von einem Foto inspiriert, lädt diese Szenerie zum Entspannen in einem gemütlichen Sessel ein, umgeben von tollen Pflanzen. Ich wünschte, so würde es bei mir zu Hause aussehen!

## Material

Aquarellfarben: Neapelgelb, Lasur Ocker, Goldbraun, Sepiabraun rötlich, Perylengrün, Perylenviolett, Bergblau, Indigo, Neutraltinte, Englisch-Venezianisch Rot, Olivgrün gelblich
Rundpinsel in den Größen 0, 2 und 6
Baumwoll-Aquarellpapier 300 g/m$^2$ matt
Weißer Gelstift, z. B. Sakura Gelly Roll

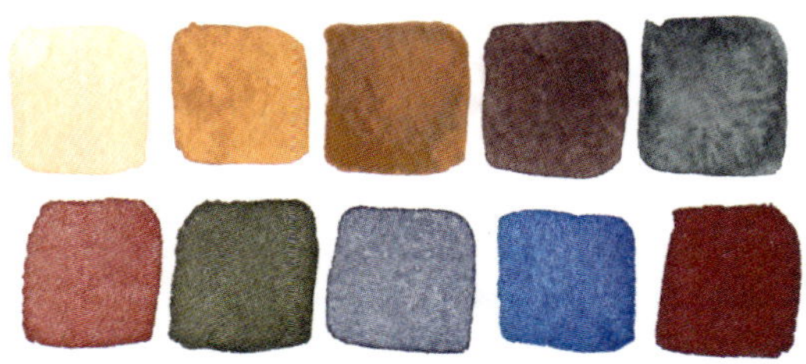

## So wird's gemacht

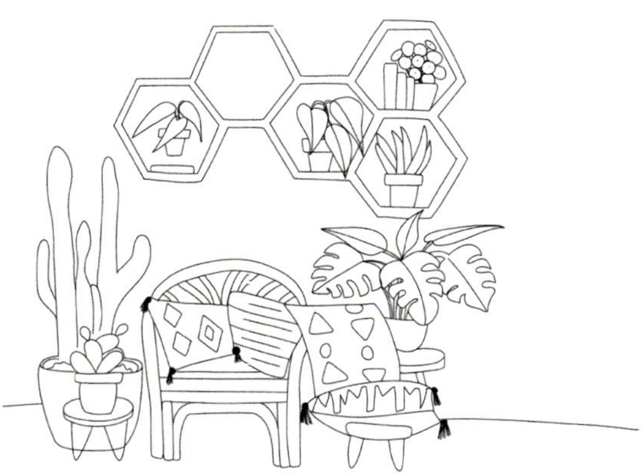

Die halbe Miete bei solch komplexen Motiven und Szenerien ist definitiv eine geeignete Skizze. Nimm dir also genug Zeit und Ruhe für die Vorzeichnung.

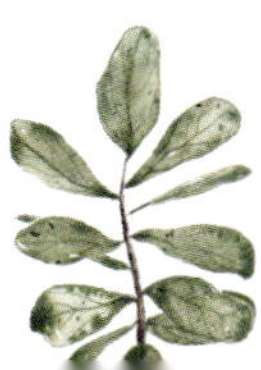

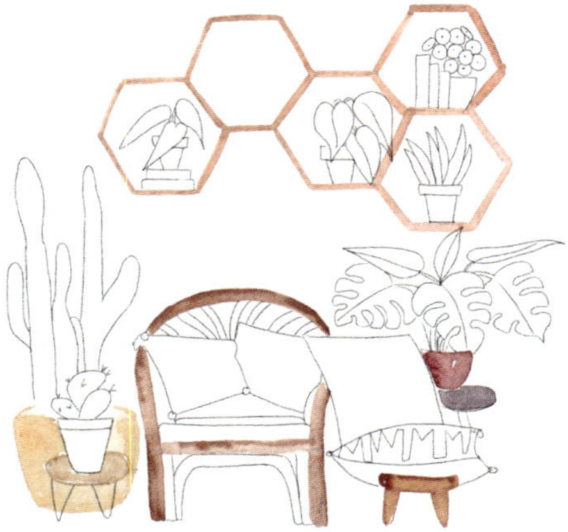

Bei diesem Motiv habe ich auf bunte Hintergründe oder Bodenbeläge verzichtet. Daher muss im ersten Schritt auch nichts großflächig grundiert werden, sondern wir starten direkt mit der Detailarbeit. Als Kontrast zu den Grünpflanzen habe ich für dieses Motiv hauptsächlich Holzmöbel gewählt. Daher grundiere ich den Sessel, das geometrische Regal und den Tisch in Goldbraun. Diesen Ton dunkle ich aber zusätzlich noch etwas mit Sepiabraun ab. Den Korb für den Kaktus grundiere ich mit Lasur Ocker.

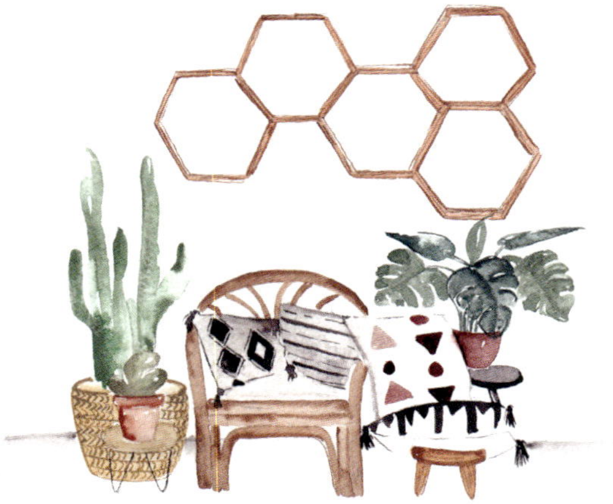

Danach folgen die ersten Grünpflanzen wie der Kaktus und die Monstera. Natürlich kannst du auch hier kreativ werden und deine eigenen Grünpflanzen auswählen und im Motiv unterbringen.

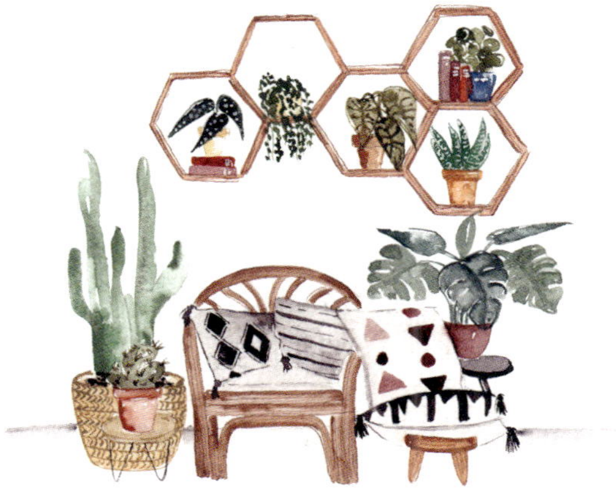

Im nächsten Schritt platziere ich noch weitere Grünpflanzen oben auf dem geometrischen Regal. Hinzu gesellen sich hier und da noch einige Bücher. Wenn du Pflanzen über das Holz malen möchtest, solltest du die Farben mit weniger Wasser anmischen, sodass sie mehr an Deckkraft gewinnen.

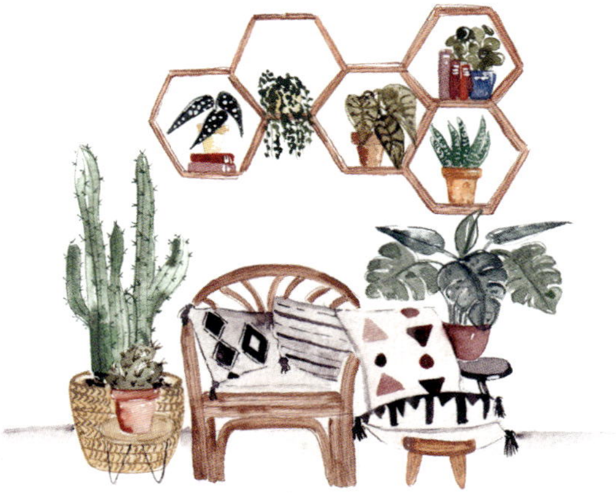

Im letzten Schritt folgen schließlich die Details. Hierzu zählen die Kaktusstacheln, die Struktur des Bastkorbes, die Holzmaserungen an Regal, Tisch und Sessel sowie die Muster der Kissen. Wenn du magst, kannst du hier und da auch noch Schatten hinzufügen, um die Szenerie räumlicher wirken zu lassen.

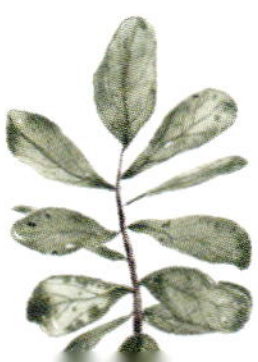

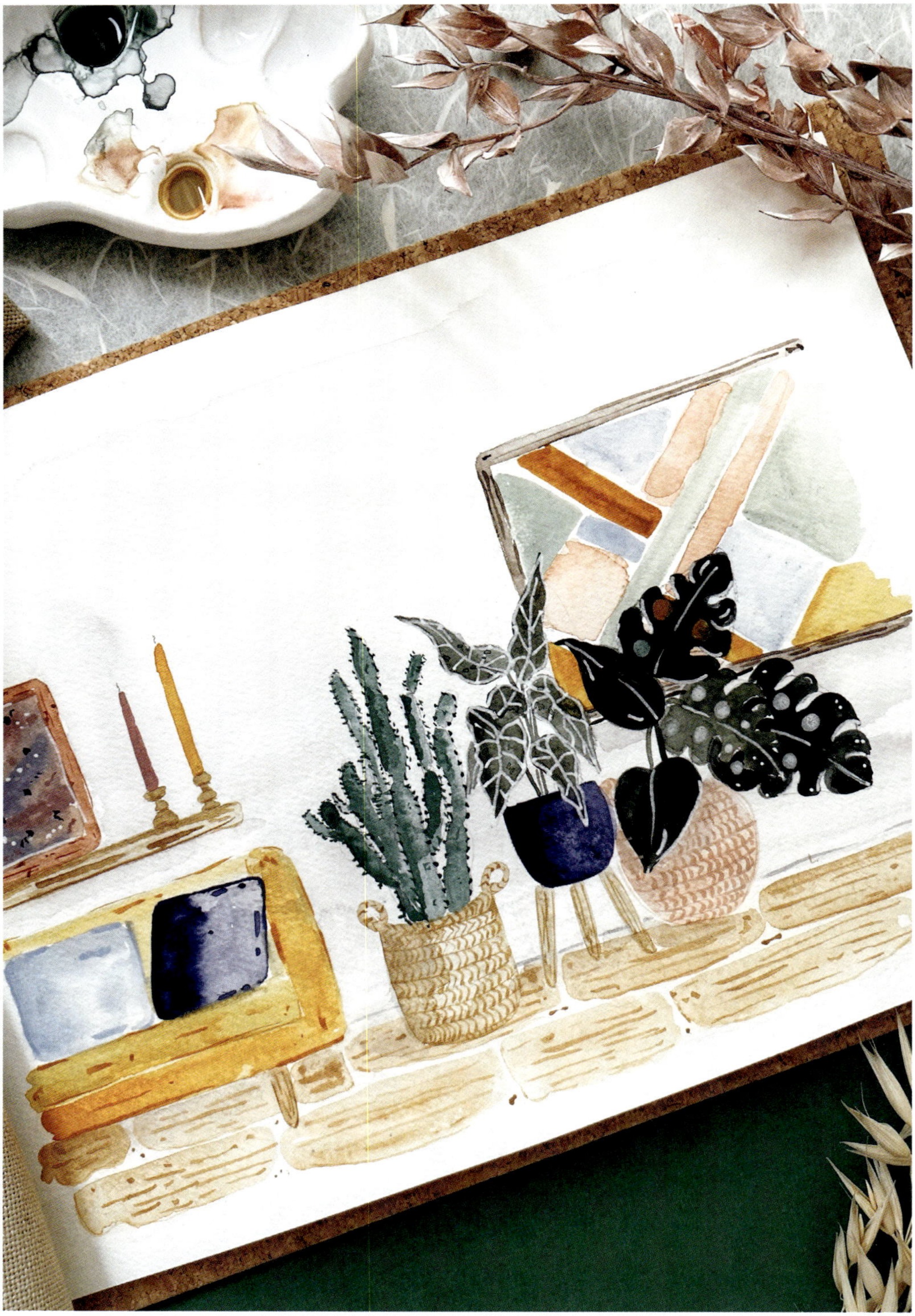

# Urban-Jungle-Szenerie 2

Um die Urban-Jungle-Motive abzurunden, wollte ich unbedingt noch eine gemütliche Wohnzimmeratmosphäre schaffen. Das Bild enthält für mich viele tolle Eyecatcher: das gelbe Sofa, die Kunst an der Wand und natürlich alle meine liebsten Pflanzen. Ich weiß gar nicht, wo ich zuerst hinschauen soll!

## Material

- Aquarellfarben: Indischgelb, Neapelgelb, Neapelgelb rötlich, Dark rose, Periwinkle, Sage, Bergblau, Indigo, Lasur Ocker, Goldbraun, Perylengrün, Kobaltgrün tief, Neutraltinte
- Rundpinsel in den Größen 0, 2 und 6, Verwaschpinsel Größe 2
- Baumwoll-Aquarellpapier 300 g/m² matt

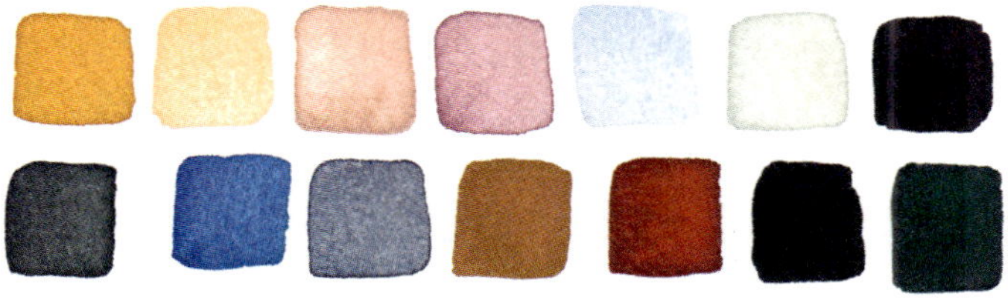

## So wird's gemacht

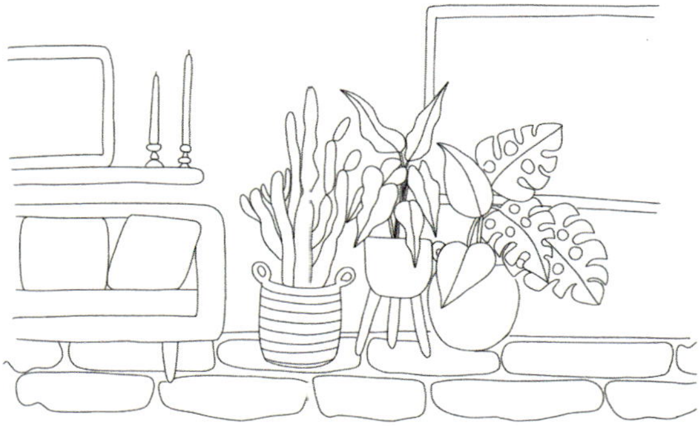

Bei diesem Motiv fertige ich zunächst eine Bleistiftskizze an, um alle Elemente, die ich mir in dem Bild wünsche, schön platzieren zu können.

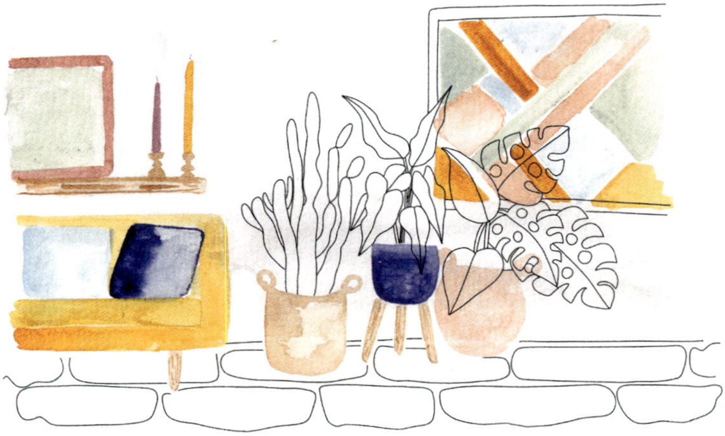

Im zweiten Schritt grundiere ich großflächig den Hintergrund in einem hellen Grauton. Hierfür mische ich Neutraltinte mit reichlich Wasser an. Für den Boden verwende ich Goldbraun, das ich mit viel Wasser verdünne. Anschließend lasse ich alles gut trocknen, ehe ich nach und nach damit beginne, einige Flächen zu grundieren. Ich starte mit den großen Möbelstücken wie dem Sofa in Indischgelb und den Kissen in verschiedenen Blautönen. Auch die Bilder im Hintergrund grundiere ich in hellen bunten Farben. Bei der Gestaltung kannst du dich nach Herzenslust austoben. Danach grundiere ich die anderen Töpfe, das Regal und die Kerzen.

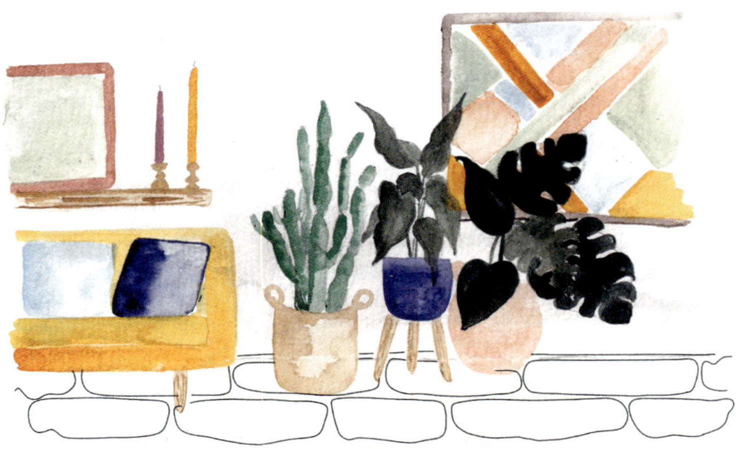

Im nächsten Schritt folgen die Grünpflanzen. Den Kaktus auf der linken Seite koloriere ich in Kobaltgrün tief. Dieser Ton granuliert etwas und verleiht dem Kaktus eine wunderschöne Struktur. Hierbei achte ich darauf, Farbverläufe zu schaffen, damit die Pflanzen schön aussehen und lebendig wirken. Die anderen beiden Pflanzen koloriere ich in Perylengrün.

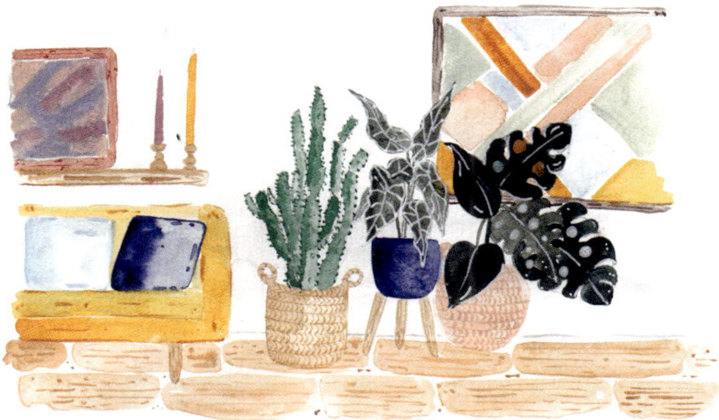

Du ahnst es wahrscheinlich schon: Im letzten Schritt folgen die Details. Sie sind wichtig, denn sie verschönern die Illustration noch mal ungemein. Farbkleckse, Tupfen, Holzmaserungen etc., hier kannst du dich ganz wie du willst austoben! Natürlich kannst du auch gerne hier und da Schatten setzen, damit die ganze Szene eine Tiefenwirkung bekommt.

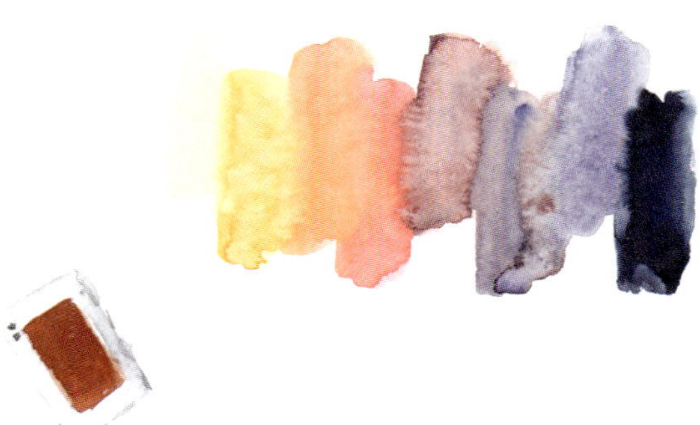

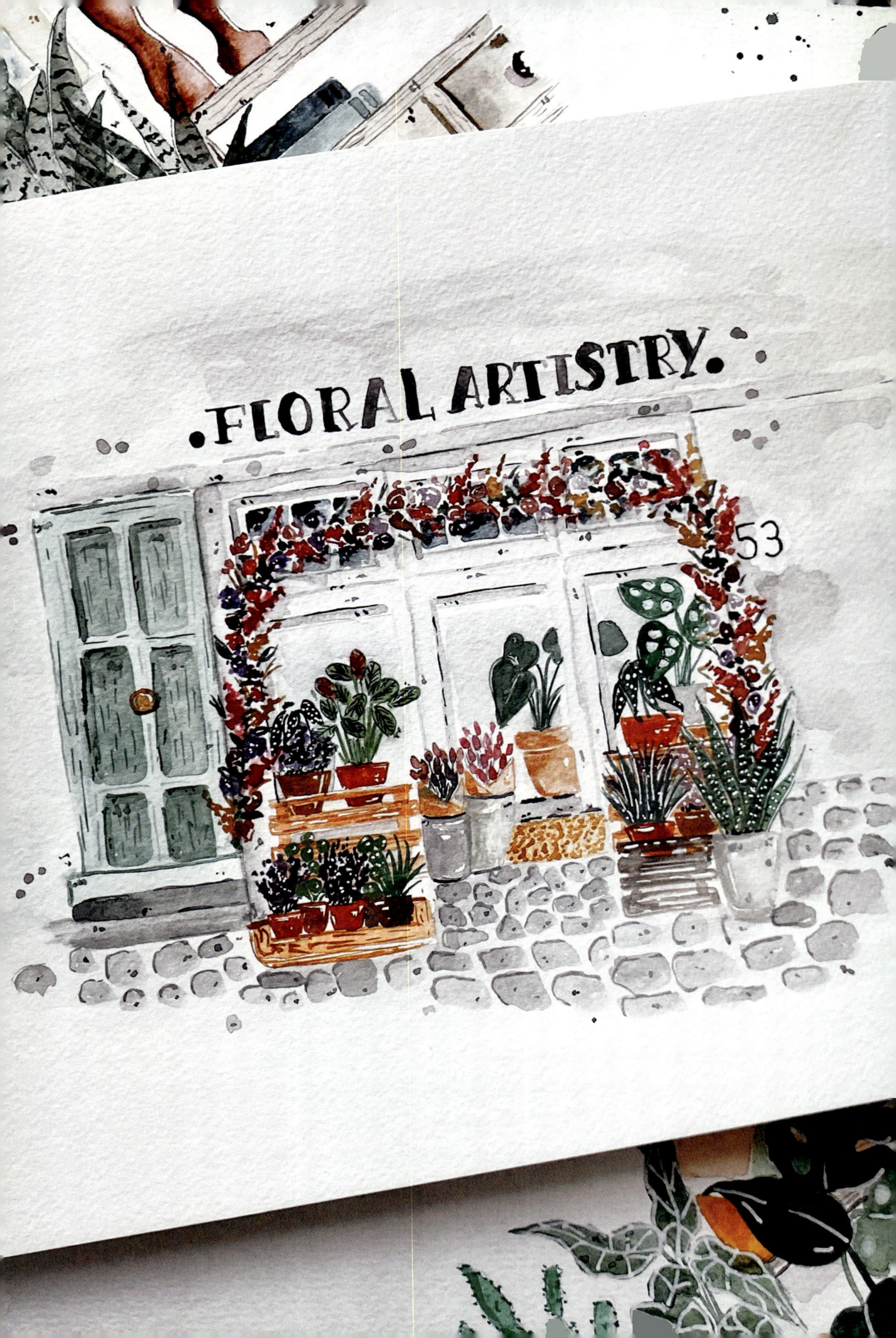
.FLORAL ARTISTRY.
53

# Urban Greenery

Eine weitere große Leidenschaft von mir ist Urban Watercolor. Daher war mir sofort klar, dass ich dir auch einige urbane Pflanzen-Motive mit an die Hand geben möchte. Sie sind meist etwas zeitaufwendiger, aber es lohnt sich wirklich!

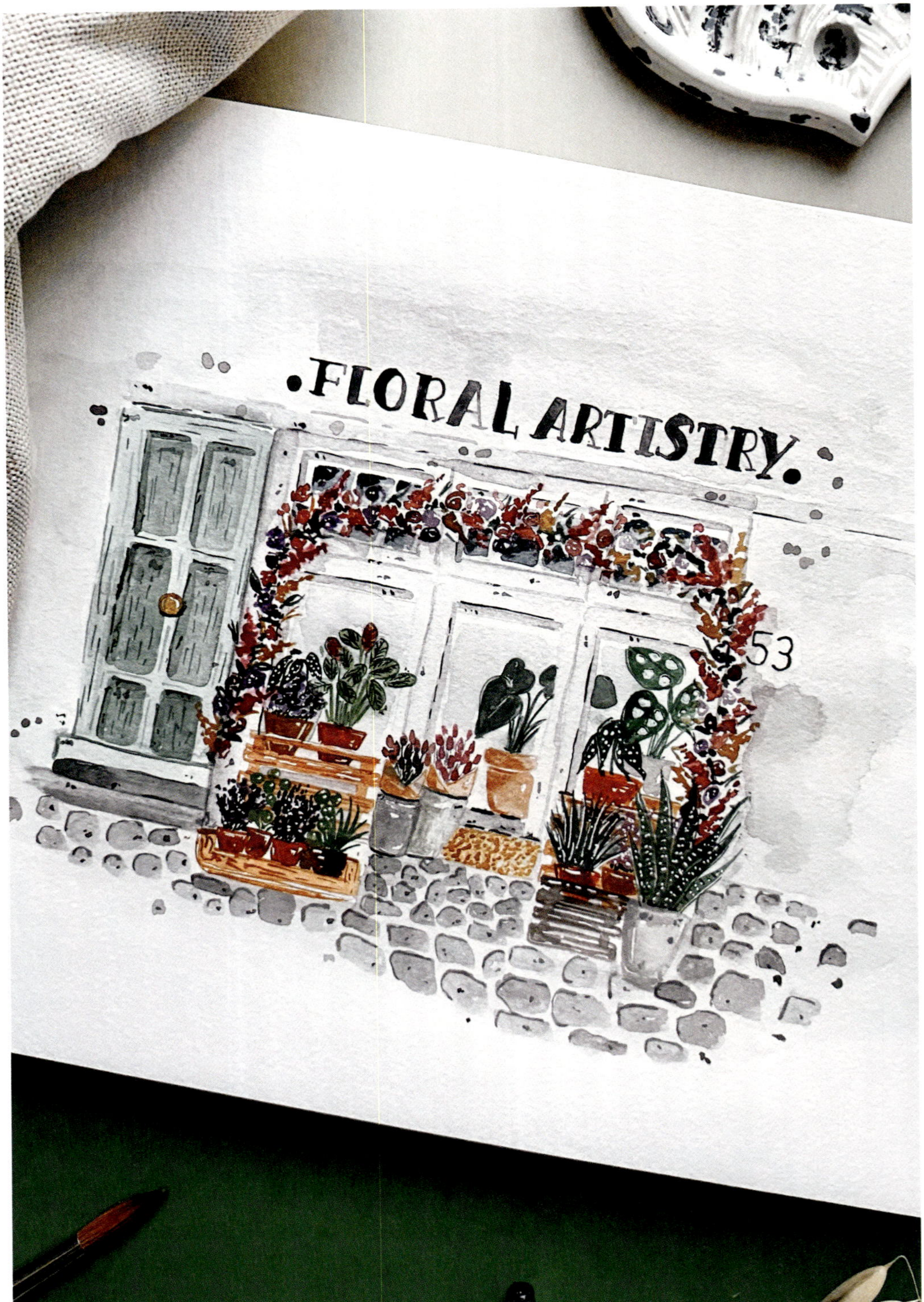
FLORAL ARTISTRY
53

# Blumenladen

Ich finde, dieses Motiv vereint perfekt meine zwei Herzensthemen Urban Watercolor und Grünpflanzen, denn dieser Blumenladen lädt einfach zum Schauen und Verweilen ein. Viel Spaß beim Stöbern und Entdecken!

## Material

Aquarellfarben: Neutraltinte, Sepiabraun rötlich, Englisch-Venezianisch Rot, Goldbraun, Lasur Ocker, Perylenviolett, Potters Pink, Bergblau, Olivgrün gelblich, Kobaltgrün tief, Perylengrün
Rundpinsel in den Größen 0, 2 und 6, Verwaschpinsel Größe 2
Baumwoll-Aquarellpapier 300 g/m² matt

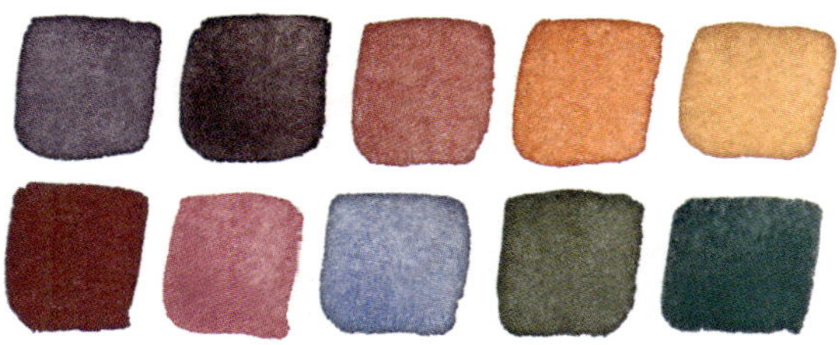

## So wird's gemacht

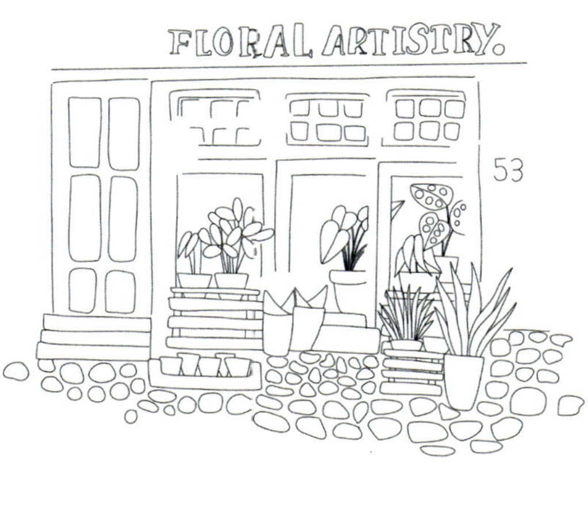


Urbane Motive können auf den ersten Blick erst einmal sehr einschüchternd wirken. Ich möchte dir die Angst davor nehmen und dir zeigen, wie du dein Motiv Schritt für Schritt umsetzen kannst. Zunächst starte ich mit einer Bleistiftskizze. Die Perspektive frontal vor dem Blumenladen ist besonders leicht umzusetzen, deswegen habe ich sie für dieses Motiv gewählt.

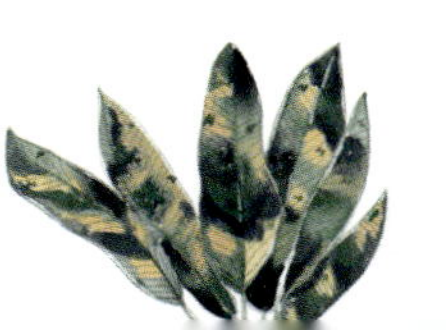

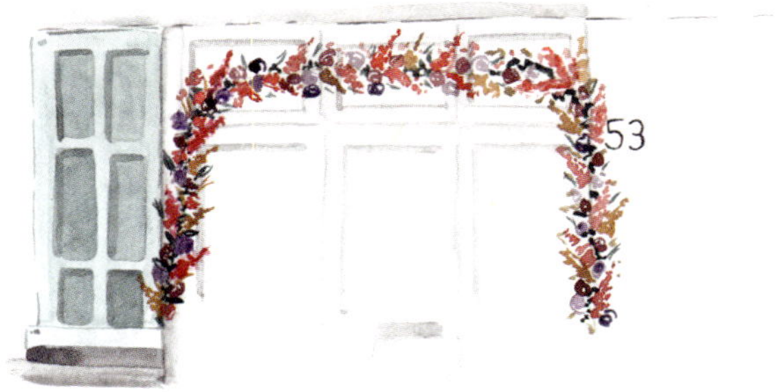


Nach der Skizze folgt die Grundierung. Zunächst grundiere ich den Hintergrund in einem hellen Grauton, angemischt mit reichlich Wasser, sodass er schön hell bleibt. Sobald alles gut getrocknet ist, grundiere ich die Tür in Perylengrün. Die Fensterfront des Blumenladens grundiere ich dann nochmals kleinteiliger in Hellgrau. So heben sich die einzelnen Bauteile besser voneinander ab. Sobald dies wiederum getrocknet ist, setze ich die Blumengirlande in den verschiedensten Farbtönen aus Farbklecksen zusammen. Je kleiner das Format ist, desto weniger Details kann man am Ende einbauen. Daher reicht es völlig aus, wenn du Blumen durch kleine Tupfen und Kleckse andeutest.

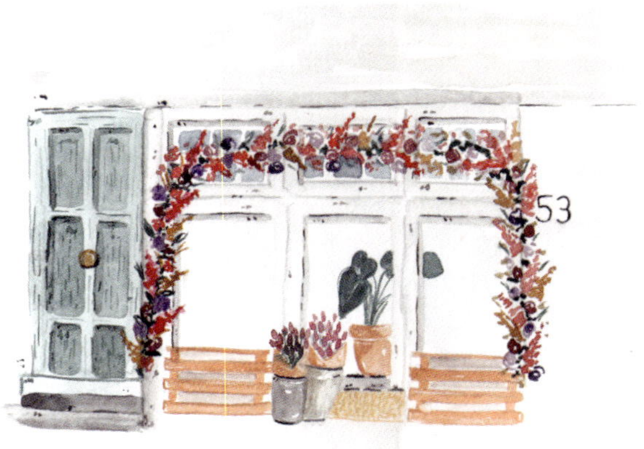


Im nächsten Schritt verdunkle ich die Fassade nochmals mit einem hellen Grauton. Ich arbeite lieber Schicht für Schicht, da ich so den Farbton besser kontrollieren kann und nicht Gefahr laufe, dass er am Ende zu dunkel wird. Außerdem kann ich so mehr Struktur schaffen. Anschließend grundiere ich die Fensterfronten in einem hellen Bergblau. Danach dürfen auch schon die ersten Möbelstücke, Palettenkisten und Pflanzen einziehen. Hierbei sind deiner Kreativität keine Grenzen gesetzt.

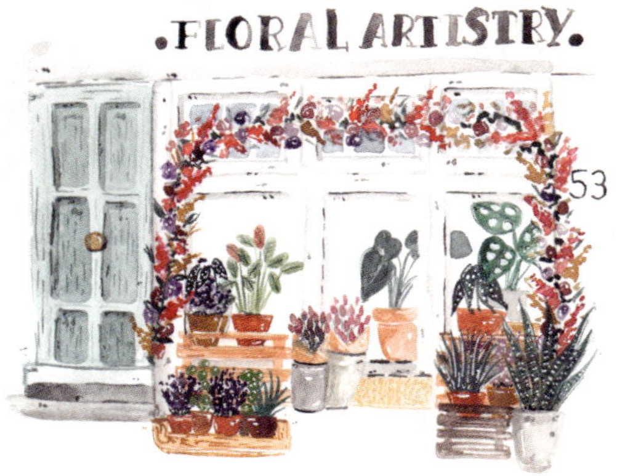


Nach und nach gesellen sich immer mehr Pflanzen hinzu. Einige große Pflanzen arbeite ich dabei detailliert heraus. Andere kleinere Pflanzen wie beispielsweise Lavendel oder Tulpen deute ich eher durch Farbkleckse und Tupfen an. Natürlich darf auch der Schriftzug des Blumenladens nicht fehlen. Diesen illustriere ich in Neutraltinte mit einem feinen Rundpinsel in der Größe 0.

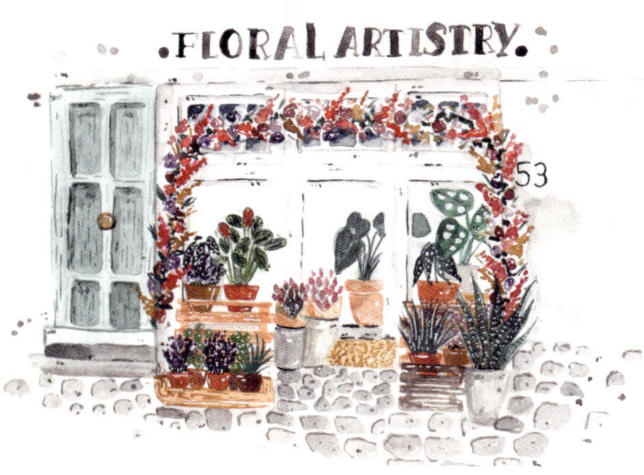


Im letzten Schritt folgen die Details. Als Erstes setze ich Schatten an die Fensterrahmen, an die Tür und an einige der Pflanzen und füge Blattadern hinzu. Darüber hinaus illustriere ich vor dem Blumenladen in Hellgrau noch eine Art Kopfsteinpflaster. Dies macht die Szenerie nochmals lebendiger. Natürlich darf auch die Holzmaserung auf den Holzkisten und Möbelstücken nicht fehlen. Zusätzlich erhält die Fußmatte noch eine Struktur durch kleine Tupfen.

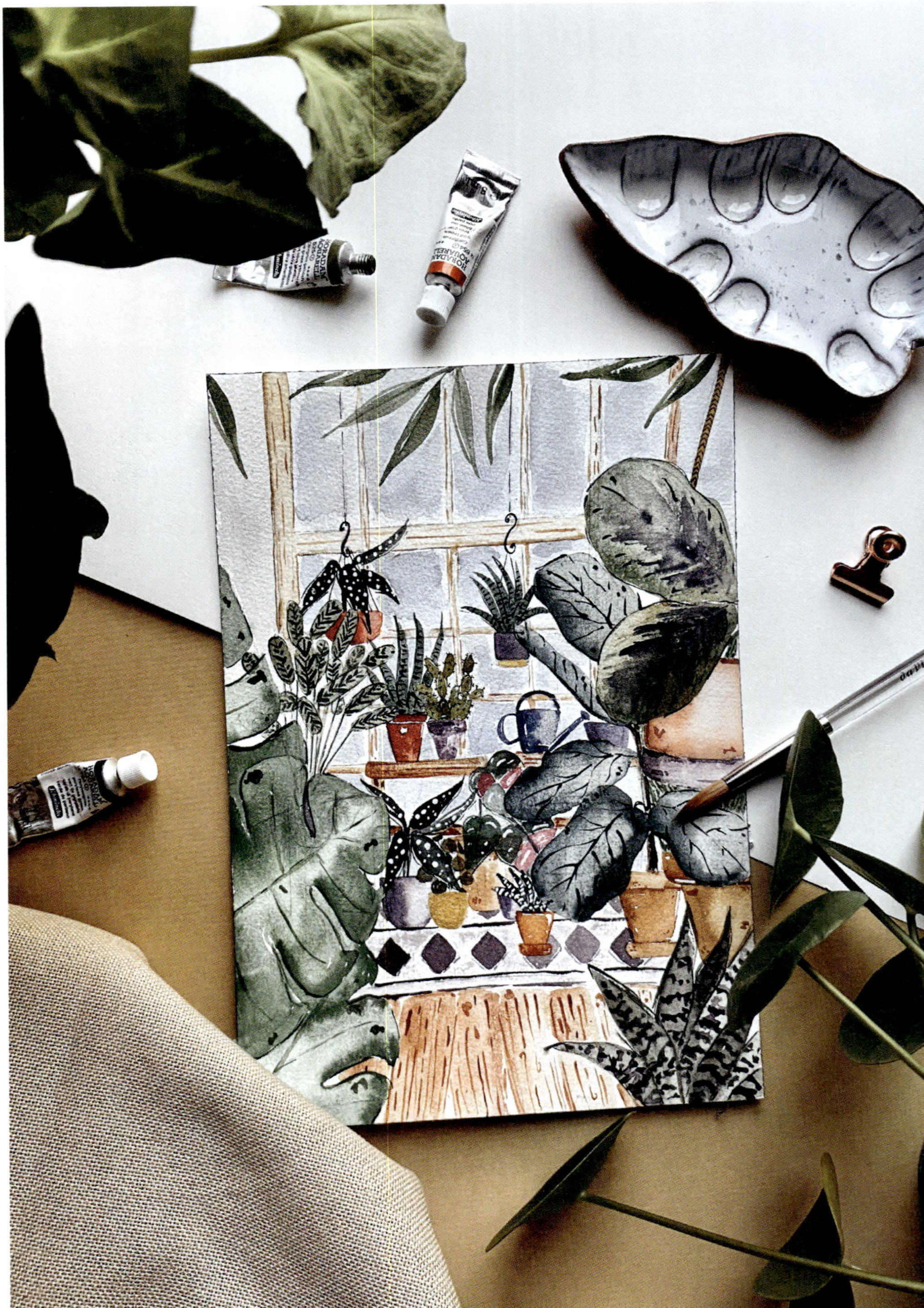

# Gewächshaus

Ich wollte in meinem Buch unbedingt die Arten- und Pflanzenvielfalt in einem Gewächshaus visualisieren. Damit es auch nicht zu eintönig wird, habe ich mich diesmal für die Innenansicht entschieden. Dieses Motiv ist durch die Fülle an Pflanzen etwas aufwendiger, aber die Arbeit lohnt sich wirklich!

## Material

Aquarellfarben: Neutraltinte, Sepiabraun rötlich, Englisch-Venezianisch Rot, Goldbraun, Lasur Ocker, Perylenviolett, Potters Pink, Bergblau, Olivgrün gelblich, Kobaltgrün tief, Perylengrün, Waldgrau, Tundragrün
Rundpinsel in den Größen 0, 2 und 6, Verwaschpinsel Größe 2
Baumwoll-Aquarellpapier 300 $g/m^2$ matt

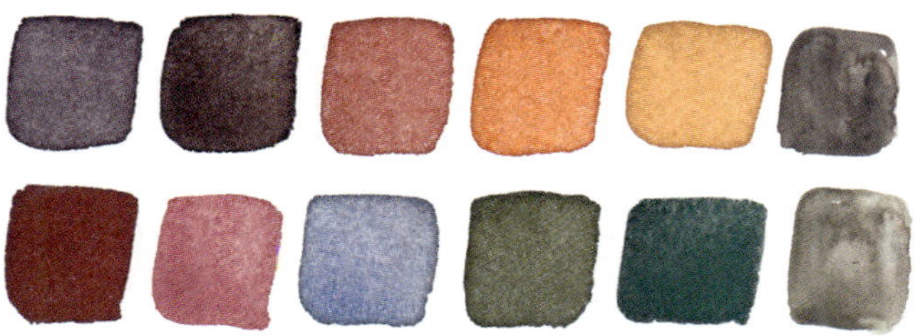

## So wird's gemacht

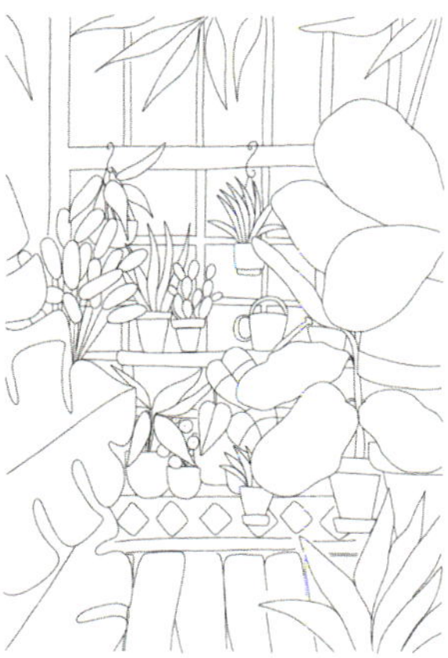

Für dieses Motiv empfehle ich dir auf jeden Fall ein Baumwoll-Aquarellpapier, da wir hier mit viel Farbe und Wasser arbeiten. Zunächst starte ich allerdings wieder mit einer Vorzeichnung, um den Aufbau festzulegen.

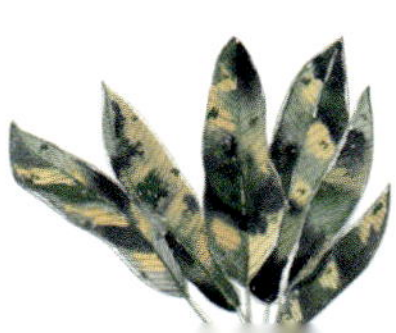

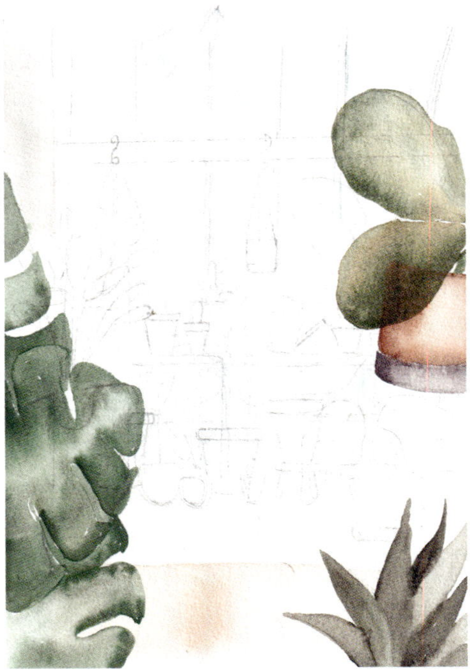

Danach grundiere ich die Fensterfront in einem hellen Blau und mit einem Verwaschpinsel in der Größe 2. Den Boden grundiere ich in Goldbraun und die linke Seite der Fensterfront in einem hellen Sepiabraun. Sobald alles gut getrocknet ist, koloriere ich die ersten Monsterablätter auf der linken Seite ebenfalls mittels Nass-in-Nass-Technik. Den Bogenhanf unten rechts grundiere ich in Waldgrau, einem schönen granulierenden Ton. Die andere Pflanze auf der rechten Seite grundiere ich in Tundragrün.

Bei diesen Grundierungsschritten arbeite ich gerne von groß nach klein. So sind als Nächstes die kleineren Blätter an der Reihe, die oben in das Bild ragen, und anschließend die ersten Töpfe. Damit es harmonisch aussieht, habe ich für die Grünpflanzen hauptsächlich erdige Tontöpfe gewählt.

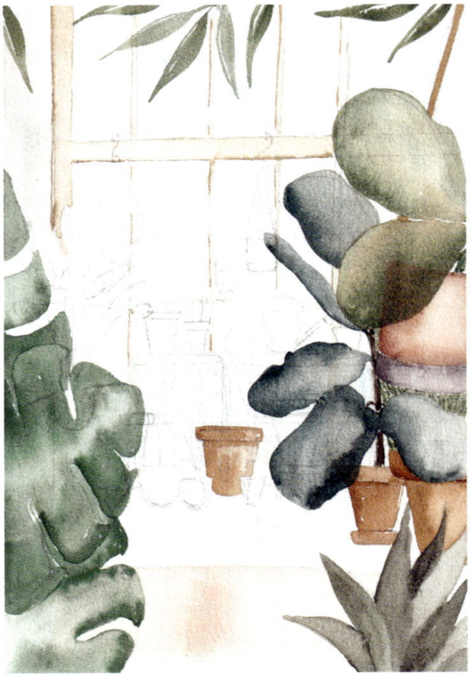

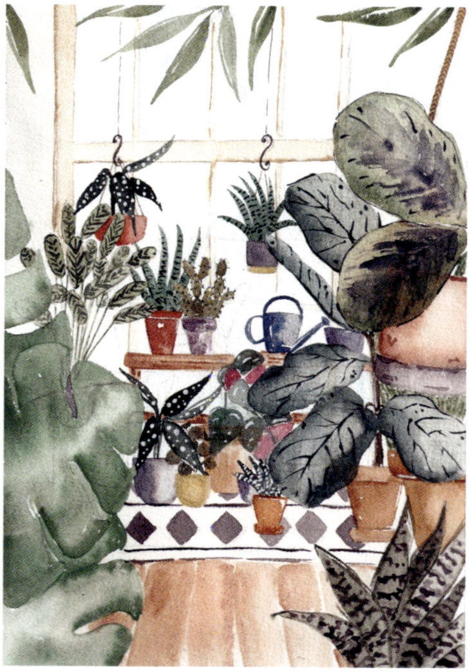

Nun wird es langsam voller im Gewächshaus, denn jetzt platziere ich Hängepflanzen sowie kleinere Pflanzen auf den Regalen im Hintergrund und auf dem Boden. Hierbei darf es auch ab und zu einen kleinen Farbklecks unter den Töpfen geben. Hinzu kommt der schöne Holzboden. Hier male ich wieder lange Holzpaneele in Goldbraun aus. Der Fliesenboden im hinteren Teil bekommt ein Muster in einem dunklen Grauton aufgemalt. Dabei verzichte ich bewusst auf die Perspektive, um es einfacher zu halten.

Im letzten Schritt folgen die Details, mit denen die Illustrationen zusätzlich hervorgehoben werden. So wird dem Holzfußboden eine feine Maserung aufgemalt. Dasselbe geschieht mit dem Fensterrahmen im Hintergrund, der ebenfalls aus Holz gemalt sein soll. Auch die einzelnen Grünpflanzen erhalten in diesem Schritt ihre Blattadern, Schatten und Akzente.

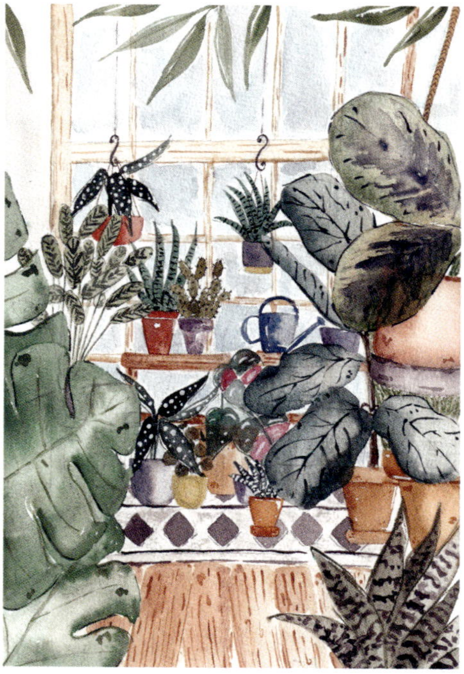

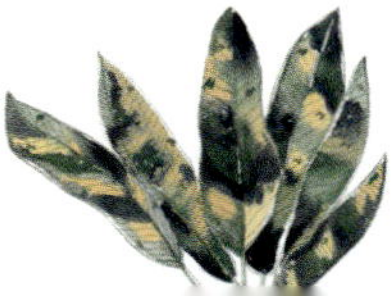

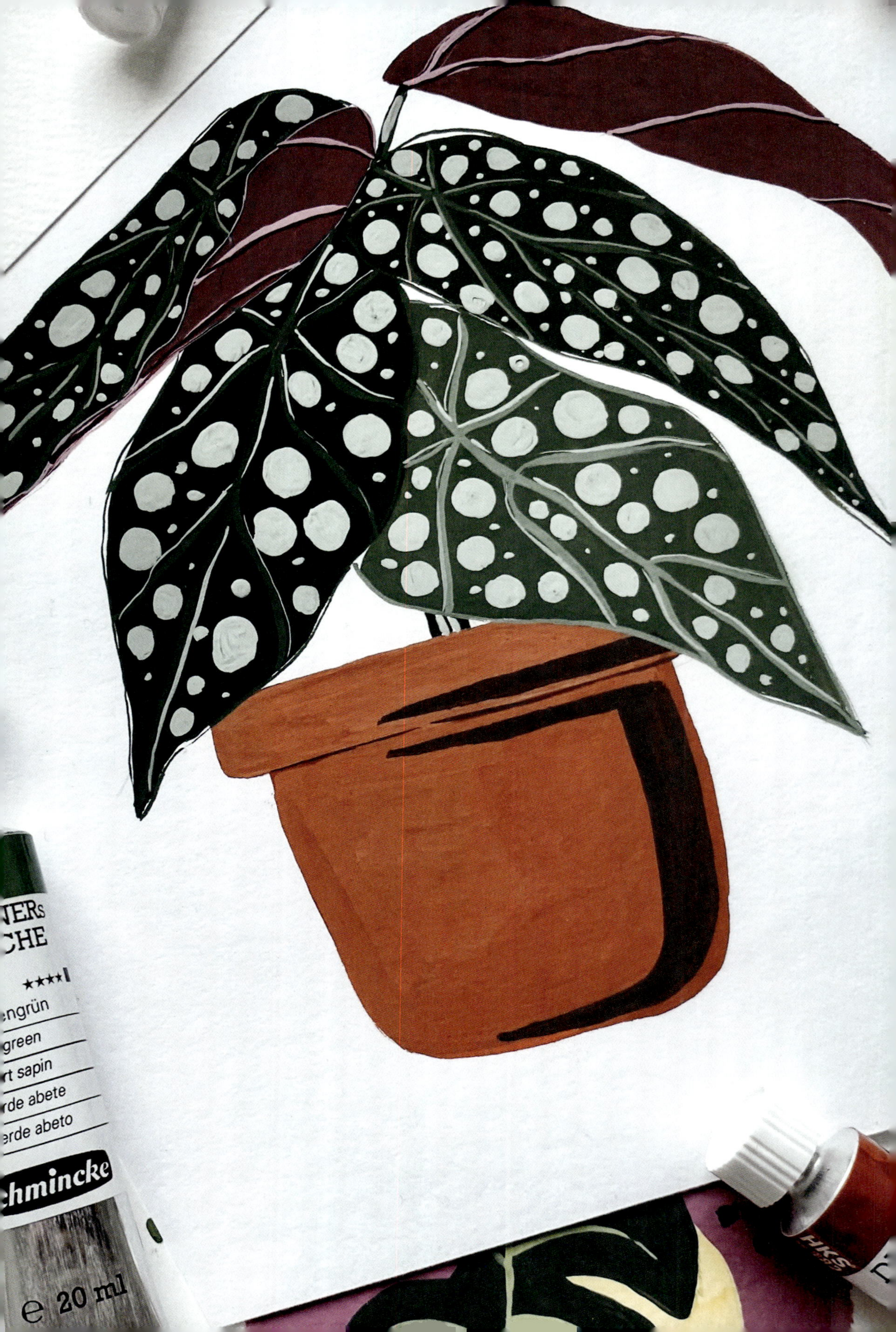
NERs
CHE
engrün
green
rt sapin
rde abete
erde abeto
chmincke
e 20 ml

# Gouache

Gouache ist ein total spannendes Medium und begeistert mich schon seit einiger Zeit. Der deckende Auftrag und der matte Look nach dem Trocknen machen Gouache für mich zu etwas ganz Besonderem. In diesem Kapitel möchte ich dir zeigen, wie sich die tollen Motive auch mit diesem spannenden Medium ganz leicht umsetzen lassen. Dabei kannst du ganz einfach auf deine bisherigen Materialien zurückgreifen. Du benötigst lediglich einige wenige Gouachefarben.

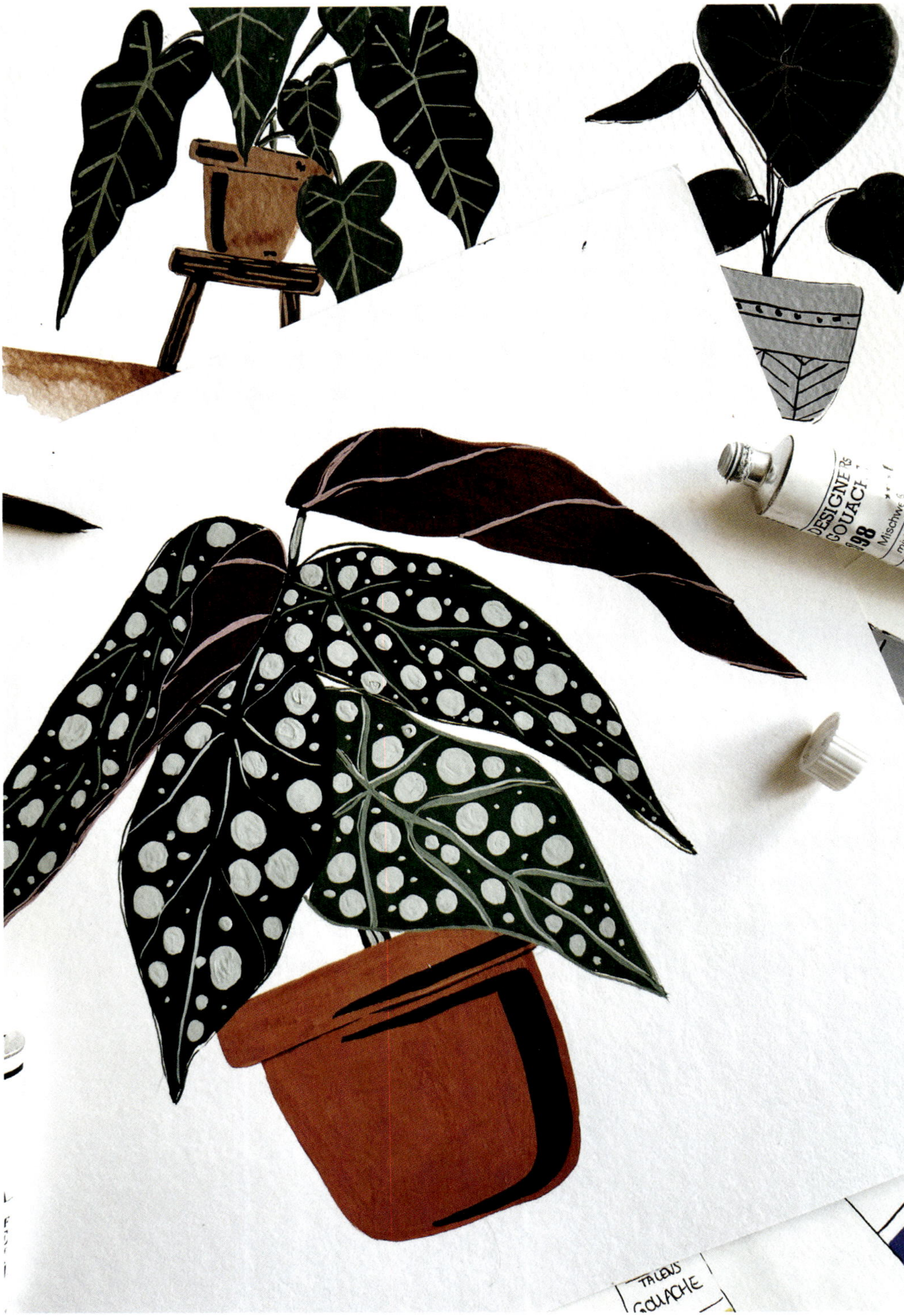
TALENS
GOUACHE

# Forellenbegonie

Da mir die Aquarellvariante der Forellenbegonie so gut gefallen hat, möchte ich sie dir hier nochmals in der Gouacheversion zeigen. Ich finde, dass dieselbe Pflanze mit einem anderen Medium einen völlig anderen Look bekommt – super spannend!

## Material

**Gouachefarben: Zitronengelb, Cyan, Weiß, Schwarz, Zinnober (Royal Talens)**
**Palettenmesser, satiniertes Aquarellpapier 300 $g/m^2$**
**Rundpinsel in den Größen 0, 2 und 6**

## So wird's gemacht

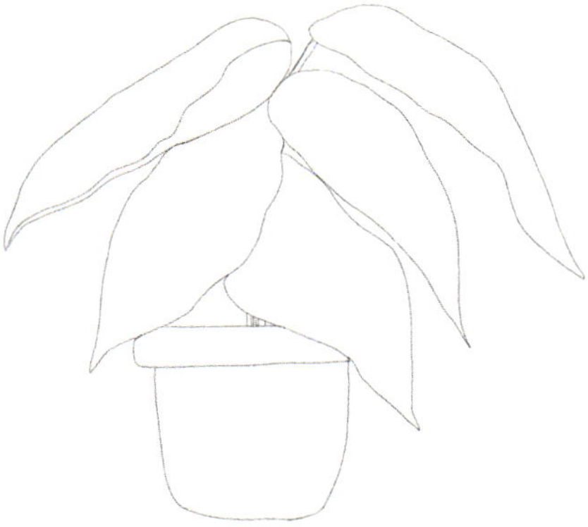

Im ersten Schritt fertige ich eine Bleistiftskizze der Forellenbegonie an. Dabei musst du dir keine Sorgen machen, dass man die Skizze am Ende sehen könnte, da der Gouacheauftrag sehr deckend ist. Somit könntest du deine Vorzeichnung sogar mit einem permanenten Stift anfertigen.

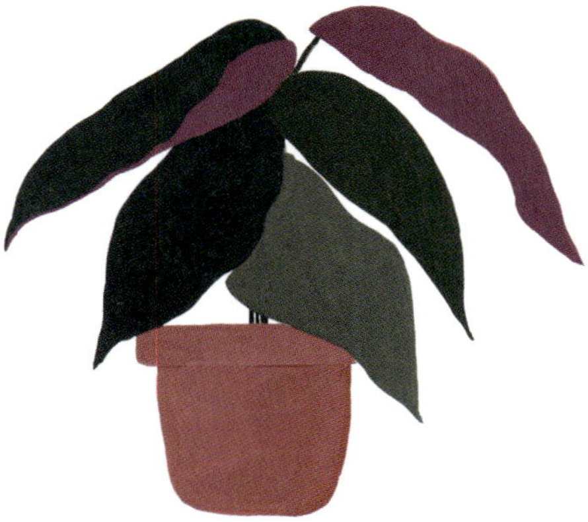

Im ersten Schritt grundiere ich die einzelnen Farbflächen. Bei einer Gouacheillustration musst du jedoch in der Regel erst einmal die passenden Farbtöne anmischen, da es hier kein so umfangreiches Sortiment wie bei den Aquarellfarben gibt. Dabei habe ich mir zunächst einen passenden Grünton – bestehend aus Zitronengelb, Cyan und Schwarz – angemischt. Gouachefarben verwendet man nur in den seltensten Fällen ohne Weiß, daher habe ich mir mit Mischweiß einige Grünabstufungen angemischt. Zum Mischen der Farben verwende ich gerne ein Palettenmesser. Um die Farbe aufzutragen, vermische ich sie zusätzlich noch mit etwas Wasser. So erhalte ich eine passende Konsistenz. Die Blätter grundiere ich mithilfe eines Rundpinsels in der Größe 6. Den Violett- und Braunton mische ich aus verschiedenen Mischungen von Schwarz, Weiß, Zinnober und Gelb.

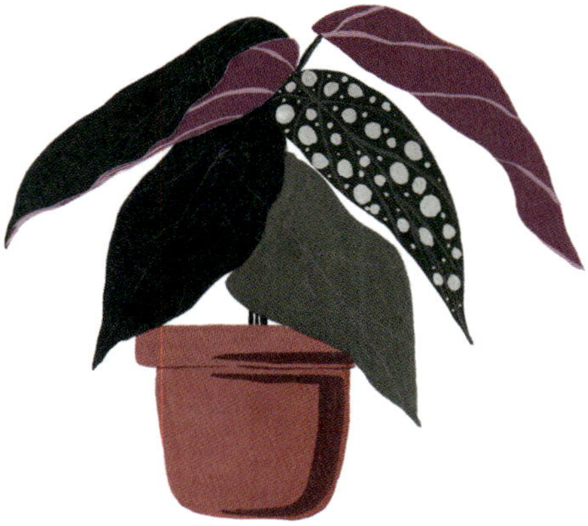

Anschließend lasse ich die Grundierung gut trocknen. Meistens sehen die Gouache-Farben nach dem Trocknen leicht anders aus als beim Auftragen. Daher kannst du an der Farbveränderung und dem matten Aussehen erkennen, wann du weiterarbeiten kannst. Im nächsten Schritt füge ich mit einem dunklen Braunton den Schatten an dem Topf hinzu. Hierfür verwende ich einen Rundpinsel in der Größe 2. Die feinen Blattadern setze ich in einem helleren Violettton, da die Illustration bis dahin etwas dunkel wirkt. Die charakteristischen Punkte setze ich ebenfalls in einem helleren Grünton. Dies sorgt für einen harmonischeren Eindruck als reines Weiß.

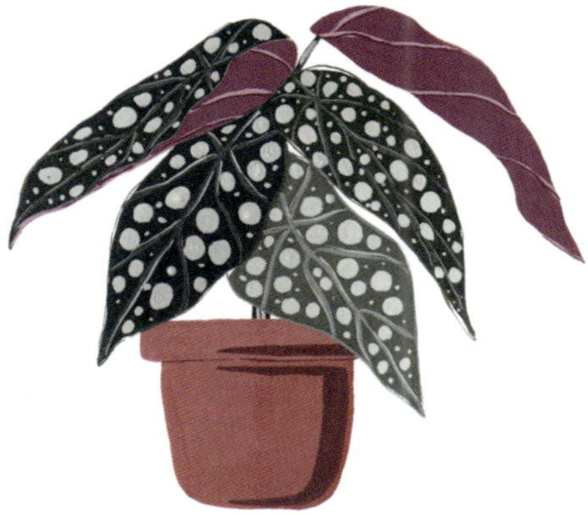

Im letzten Schritt folgen noch die restlichen Punkte und Blattadern. Danach lasse ich alles gut trocknen. Hier und da bessere ich die Farbe etwas nach, wenn es noch nicht deckend genug aussieht.

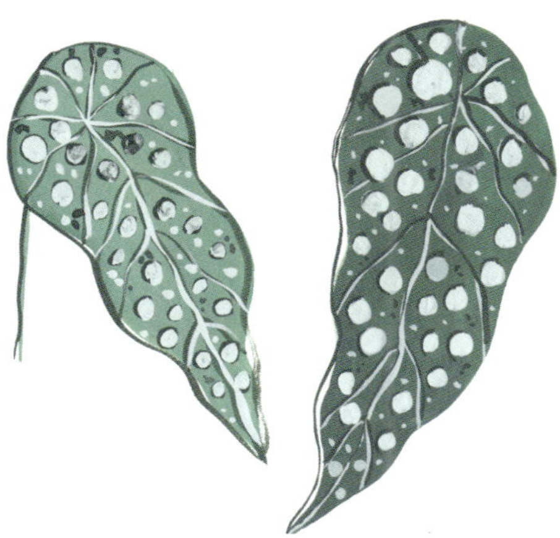

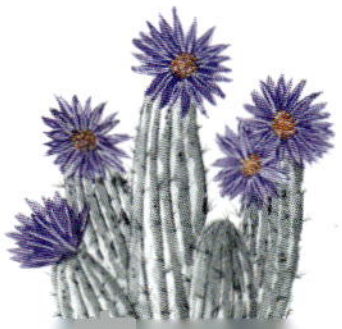

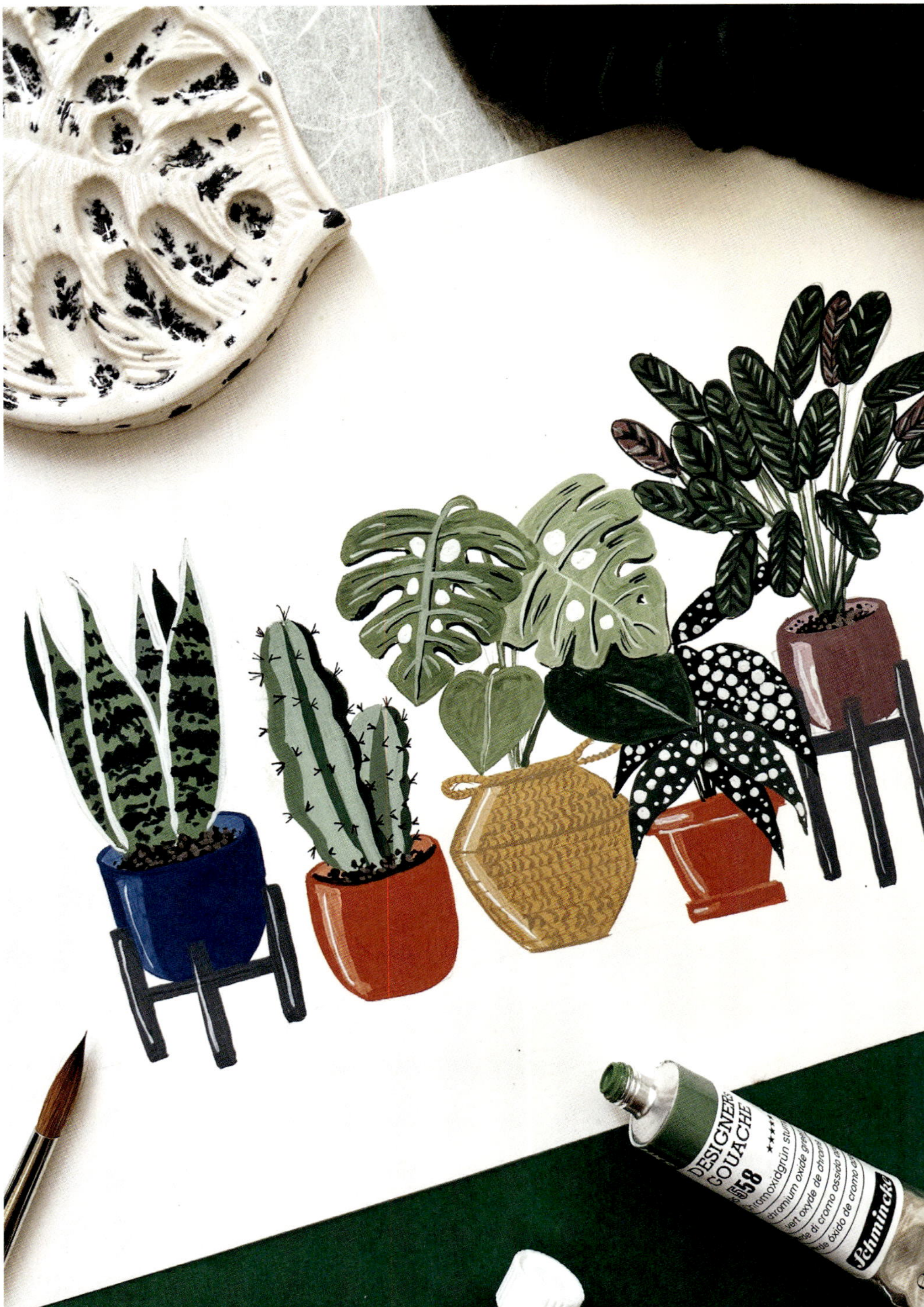
DESIGNERS GOUACHE
Schmincke

# Gouachepflanzen

An dieser Stelle folgt ein weiteres Gouachearrangement für dich. Dabei kannst du die Pflanzen natürlich wieder beliebig austauschen und durch deine Favoriten ersetzen. Ich bin gespannt, was du daraus zauberst!

## Material

Gouachefarben: Zitronengelb, Cyan, Weiß, Schwarz, Zinnober (Royal Talens),
Indigo, Chromoxidgrün stumpf, Goldocker (Designers Gouache – Schmincke)
Palettenmesser, satiniertes Aquarellpapier 300 g/m², schwarzer Fineliner
Rundpinsel in den Größen 0, 2 und 6

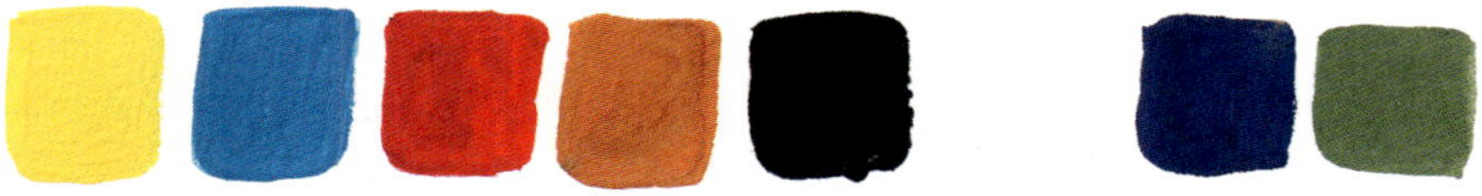

## So wird's gemacht

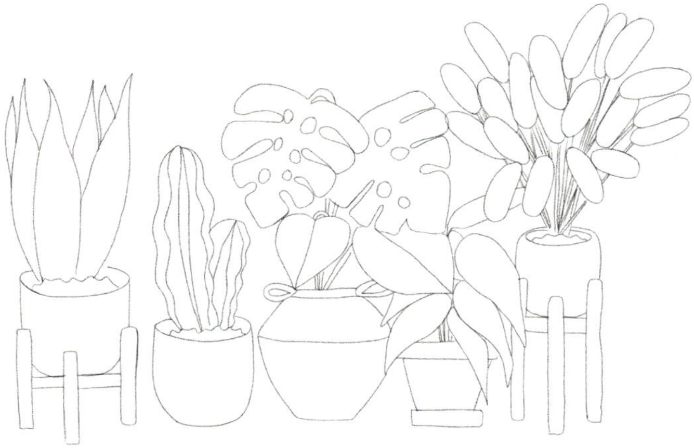

Im ersten Schritt fertige ich eine Bleistiftskizze der Gouachepflanzen an. Dabei musst du dir keine Sorgen machen, dass man die Vorzeichnung am Ende sehen könnte, da der Gouacheauftrag sehr deckend ist.

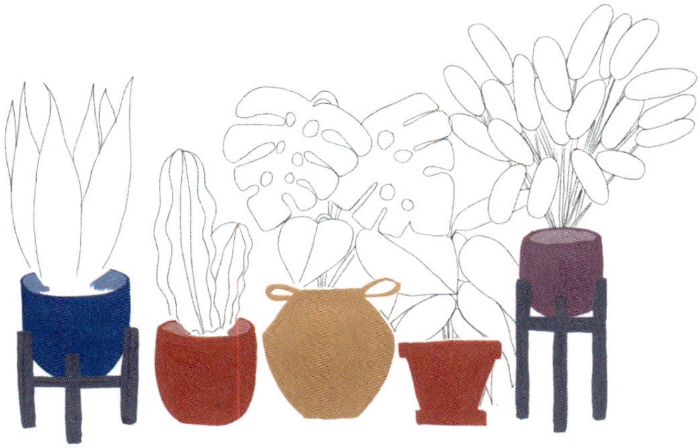

Als Nächstes stehen die Farbtöne für die verschiedenen Töpfe und Körbe an. Dabei mische ich grundsätzlich alle Farbtöne mit etwas Mischweiß und Wasser an. Für den Topf des Bogenhanfes setze ich Indigo und für die Metallbeine Schwarz mit etwas Weiß gemischt ein. Den Rot-Braun-Ton der anderen beiden Töpfe mische ich aus Zinnober, Weiß, Schwarz und etwas Gelb an. Für den Korb vermische ich Lichter Ocker mit etwas Weiß, für den Topf der Calathea mische ich Permanent Rosa, Weiß und Schwarz miteinander.

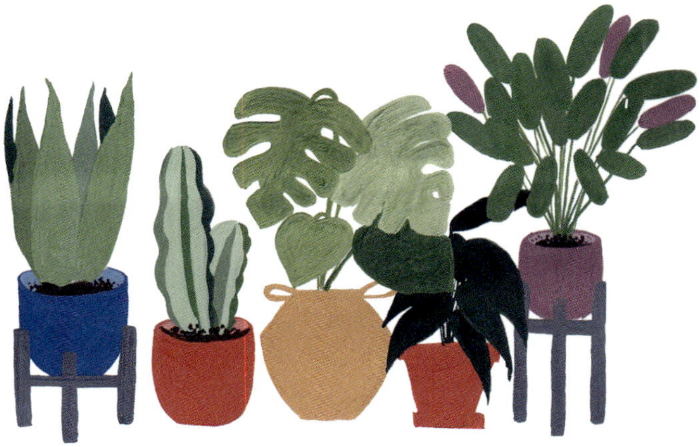

Im nächsten Schritt folgen die Grüntöne. Ich mische sie sowohl aus Chromoxidgrün stumpf als auch aus verschiedenen Gelb-, Blau- und Schwarztönen an. Dazu kommt auch hier Mischweiß und für die richtige Konsistenz etwas Wasser. Dazu verwende ich einen Rundpinsel in der Größe 2 und grundiere nach und nach die Flächen und

Blätter der Grünpflanzen. Es kann sein, dass du manchmal zwei oder sogar mehr Schichten benötigst, bis es deckend ist. Gerade wenn man die Konsistenz mit Wasser anpasst, kann es schnell einmal zu flüssig werden. Mit etwas Geduld und mehreren Schichten wird es aber super aussehen.

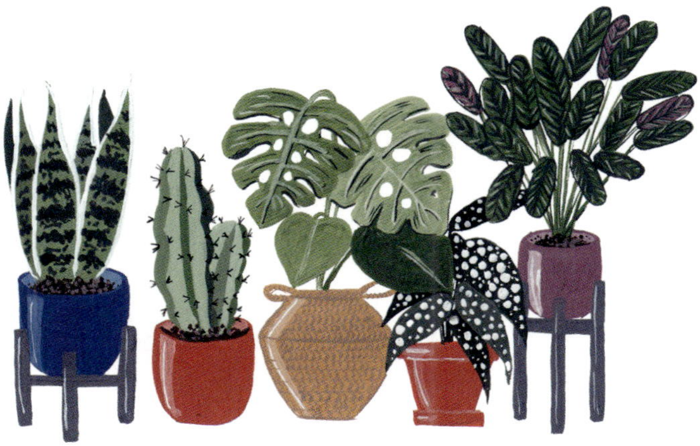

Generell benötigst du für Gouachebilder etwas mehr Geduld als für Aquarellillustrationen. Im letzten Schritt folgen die Details. Hierfür nutze ich einen feinen Rundpinsel in der Größe 0. Der Bogenhanf bekommt eine hellgrüne Umrandung und ähnlich wie bei dem Aquarellmotiv einige charakteristische Punkte in Dunkelgrün. Die Kaktusstacheln ziehe ich mit einem Fineliner, der mir mehr Kontrolle erlaubt. Die Monstera erhält verschiedene Akzente sowohl in Dunkel- als auch in Hellgrün. Dadurch wirken die plakativen Blätter etwas spannender. Die Calathea bekommt dann auch noch ihre charakteristischen Streifen. Im letzten Schritt setze ich Lichtreflexe mit weißer Gouachefarbe an einige Töpfe. Du könntest aber genauso gut auch Schatten setzen – ganz wie du magst.

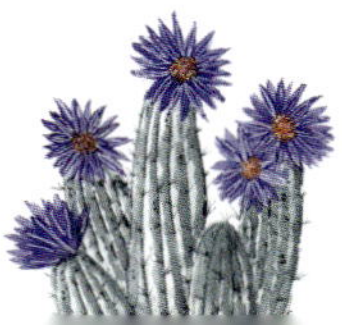

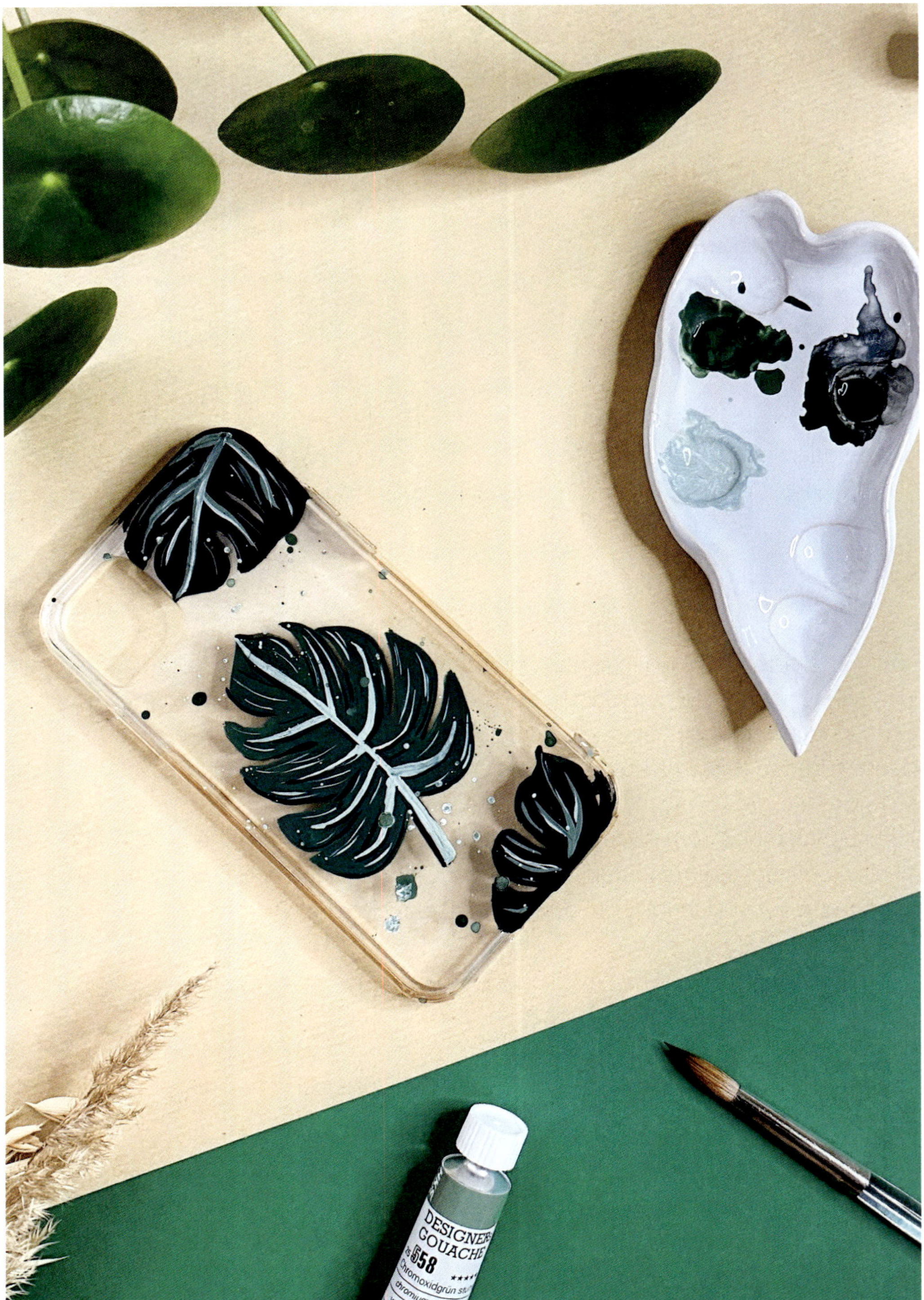
DESIGNERS
GOUACHE
558

# Smartphone-Hüllen DIY

Da mich Gouache so begeistert, möchte ich dir hier eine Umsetzung in einem kleinen DIY zeigen. Dieses wird aber sicherlich genauso gut mit Acrylfarben oder Markern funktionieren.

## Material

Hierfür benötigst du lediglich durchsichtige Smartphone-Hüllen, beispielsweise aus hartem oder weichem Plastik. Zusätzlich deine Gouachearben, Rundpinsel, eine Mischpalette und zum Fixieren am Ende ein Fixativ/Fixierspray.

## So wird's gemacht

Auf den Smartphone-Hüllen kannst du fast wie gewohnt arbeiten. Meine Hüllen hatten eine sehr glatte Oberfläche, wodurch die Farbe, vor allem wenn sie mit mehr Wasser angemischt war, an manchen Stellen etwas gerutscht ist. Deshalb rate ich dir, mehrere dünne Farbschichten aufzutragen. Geduld zahlt sich hierbei aus!

Ich habe mir meine Lieblingspflanzen mit einem Edding auf die Hüllen vorgezeichnet, da die Gouachefarbe den Edding sowieso überdeckt. Danach bin ich wie in den Anleitungen zuvor verfahren. Zunächst habe ich die einzelnen Farbflächen grundiert.

Nach dem Trocknen habe ich nach und nach weitere Details gesetzt. Besondere Akzente, Schatten, Stacheln und Ähnliches wirken superschön.

Am Ende habe ich sogar noch gesprenkelt. Diese Sprenkel brauchen allerdings einige Zeit, um vollständig zu trocknen.

Sobald alles gut getrocknet war, habe ich mehrere Fixativschichten aufgetragen. Ich empfehle, diesen letzten Schritt im Freien zu machen, am besten auf dem Balkon oder im Garten.

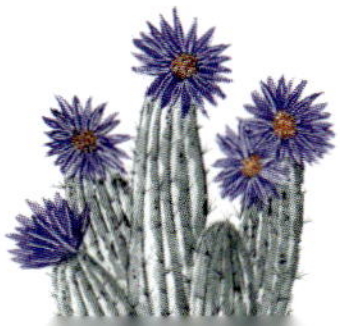

# Danke

An dieser Stelle möchte ich mich zunächst bei dir bedanken. Danke, dass du mich auf meiner kreativen Aquarellreise begleitest und nun am Ende des Buches angelangt bist. Ich hoffe, es bereitet dir genauso viel Freude wie mir.

Dieses tolle Herzensprojekt habe ich nur mithilfe des mvg Verlags umsetzen können – ein großes Dankeschön hierfür an alle Mitarbeiter:innen und besonders an meine Ansprechpartnerin Elena Grunwald. Vielen Dank für das Vertrauen und den Freiraum, die ich für das Buchprojekt bekommen habe.
Danke an jeden einzelnen Leser und jede einzelne Leserin. Ohne euch wäre dieses Buchprojekt wiederum nicht möglich gewesen. Der Grundstein hierfür ist natürlich auch meine Instagram-Community. Dank euch habe ich meine Kreativreise bis an diesen Punkt hier verfolgen können und Freude darin gefunden, mit euch im ständigen Austausch zu sein. Die wöchentlichen #letteringlenalive-Livestreams bereichern meinen Alltag, genauso wie meine Workshops und die persönlichen Gespräche.

Fern von meiner Instagram-Bubble stehen natürlich die wichtigsten Menschen in meinem Leben. Danke für eure Unterstützung und eure Worte zu meinen Bildern, auch wenn ich sie euch das hundertste Mal unter die Nase halte. Die größte Geduld hat dabei mein Freund Henning bewiesen. Danke für deine Geduld und Unterstützung, für deine Ideen und den Zuspruch für dieses Projekt. Ich kann und werde dir aber nicht versprechen, dass ich dir in Zukunft weniger Bilder zeige und nicht mehr frage: »Und, wie findest du's?«
Danke auch an meine Mama, die mir früher im Kunstunterricht immer meine Bilder gemalt hat, weil ich der Meinung war, Musik wäre das bessere Fach für mich. Anscheinend habe ich trotzdem deine Kreativität geerbt.
Danke auch an meine Schwiegermutter in spe Frauke, die wirklich alle Bilder in diesem Buch abgesegnet hat. Sie hatte auch die tolle Idee für die Gestaltung der Smartphone-Hüllen.
Natürlich danke ich auch meinen Freunden für ihren Zuspruch und ihr Versprechen, dieses Buch zu kaufen, ohne es gesehen zu haben. Ihr macht jeden Tag ein bisschen schöner für mich.

# Über die Autorin

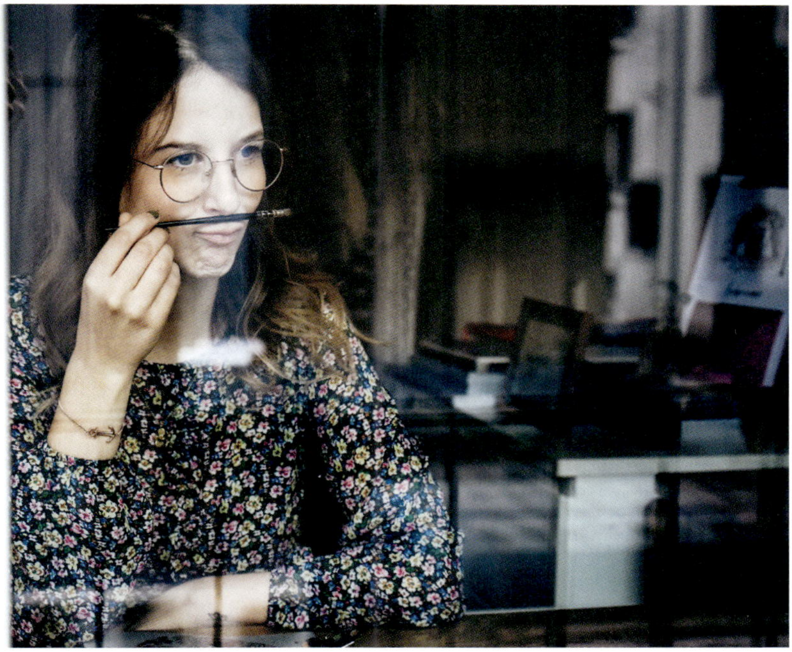

Lena Ullmann ist das kreative Gesicht hinter dem Instagram-Account lettering.lena. Das Nordlicht aus Flensburg zog es 2015 berufsbedingt nach Aachen. Ihren Master of Science absolvierte sie in Angewandter Biotechnologie und ist in diesem Bereich hauptberuflich als wissenschaftliche Mitarbeiterin tätig. 2018 zog sie dann das Thema Bullet Journalling in den Bann, um ihren Alltag kreativ zu strukturieren. Bald darauf folgten die Themen Lettering und Loose Watercolor. Letzteres ist für sie bis heute ein großes Herzensthema. Überwiegend autodidaktisch erweitert sie stetig ihre Fertigkeiten und gibt seit 2020 ihr Know-how in Workshops und Livestreams an Watercolor-Liebhaber und Interessierte weiter.

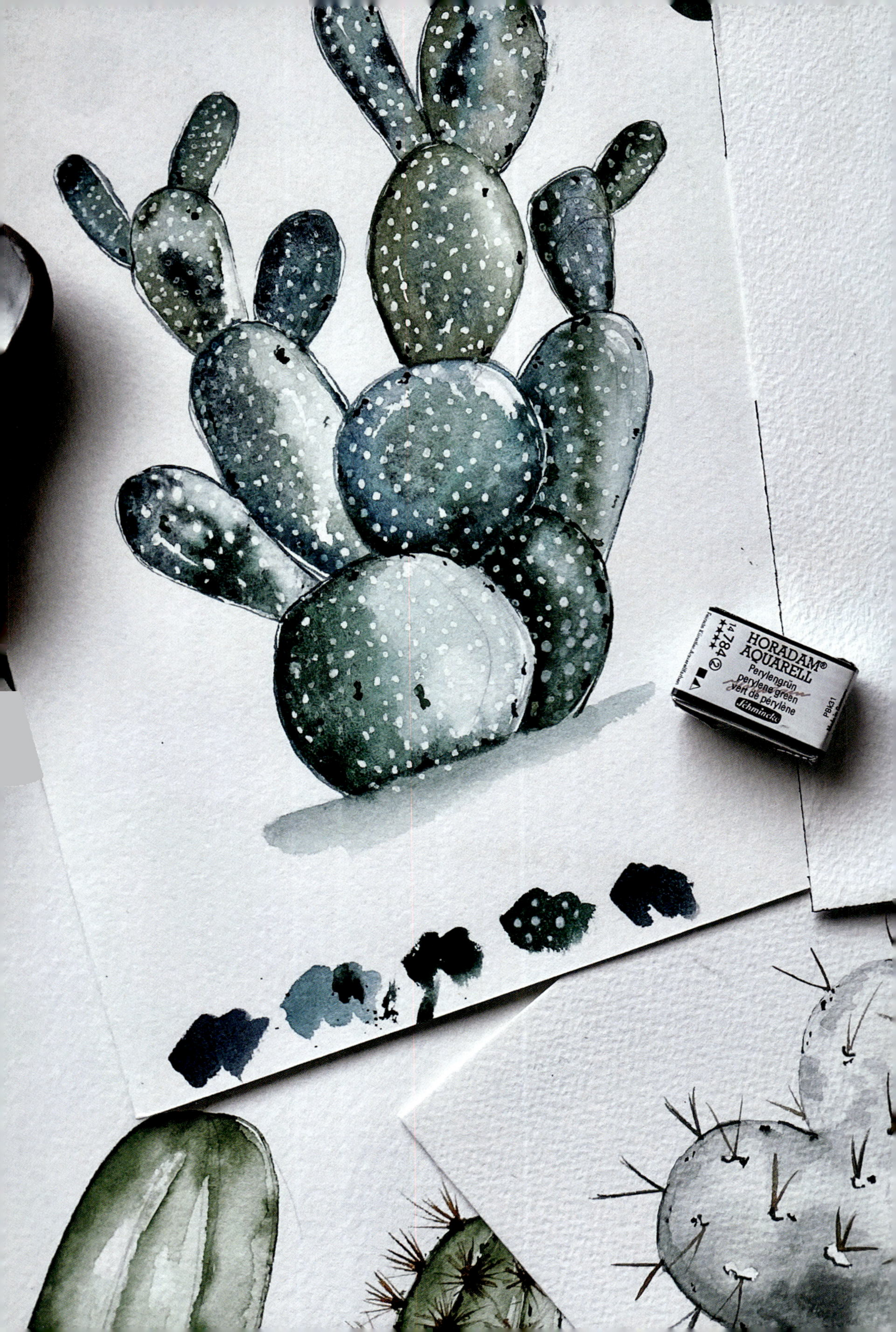
14 784
HORADAM®
AQUARELL
Perylengrün
perylene green
vert de pérylène
Schmincke
PBk31

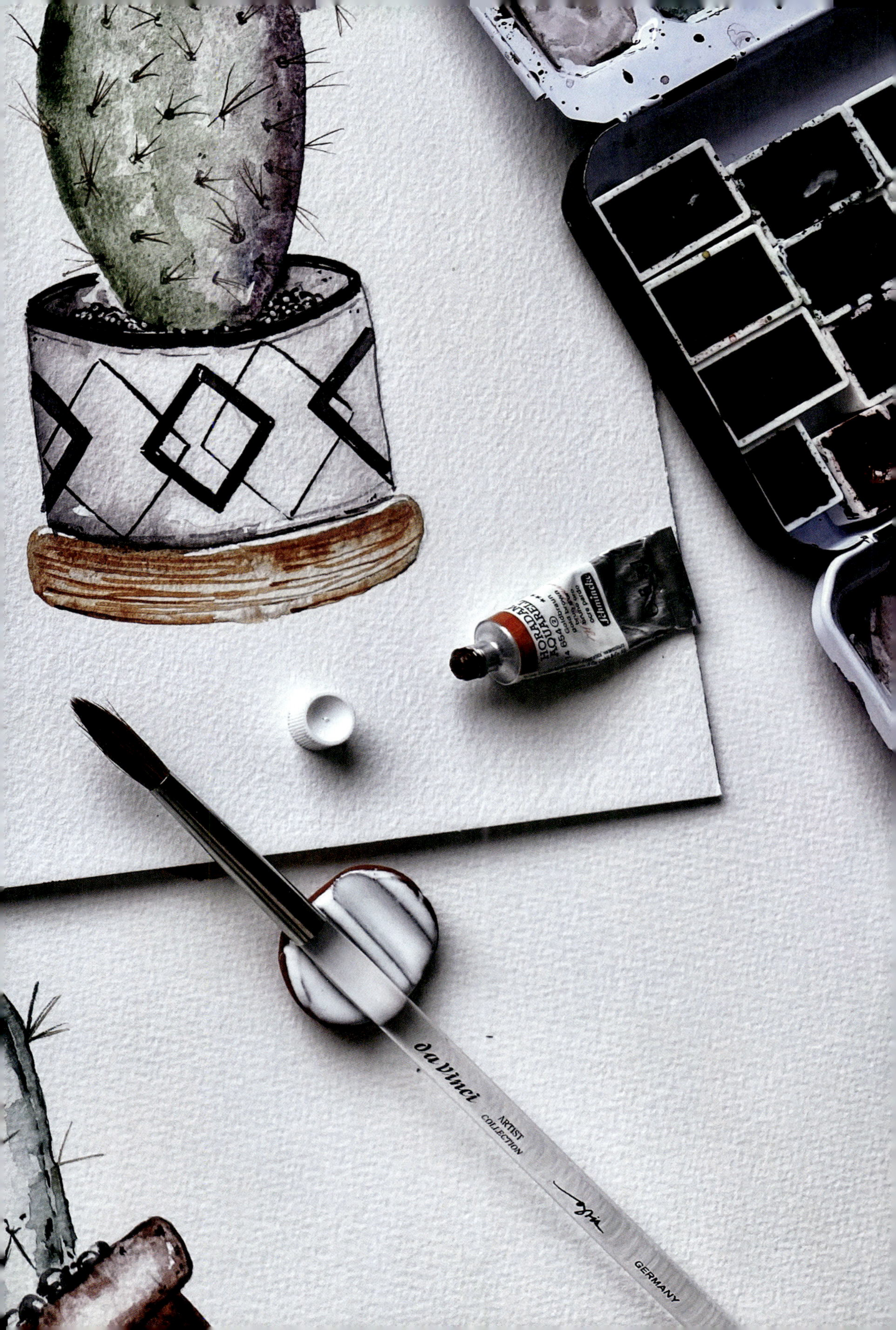
da Vinci
ARTIST
COLLECTION
GERMANY

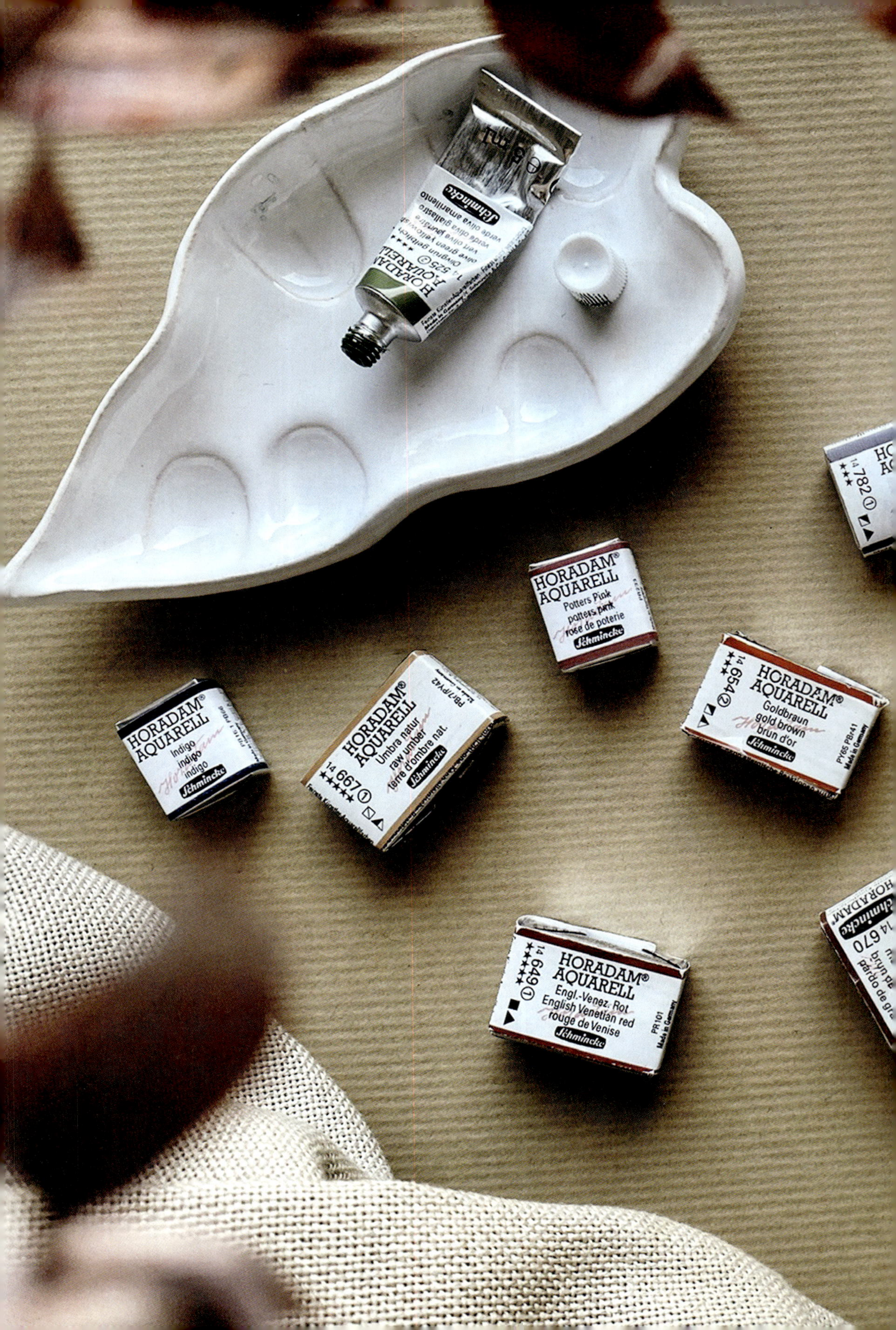

HORADAM AQUARELL
14 525
Schmincke
HORADAM AQUARELL
Potters Pink
potters pink
rose de poterie
Schmincke
14 782
HORADAM® AQUARELL
Indigo
indigo
indigo
Schmincke
14 667
HORADAM® AQUARELL
Umbra natur
raw umber
terre d'ombre nat.
Schmincke
PBr7/PY42
14 654
HORADAM® AQUARELL
Goldbraun
gold brown
brun d'or
Schmincke
PY65 PBr41
Made in Germany
14 649
HORADAM® AQUARELL
Engl.-Venez. Rot
English Venetian red
rouge de Venise
Schmincke
PR101
Made in Germany
14 670

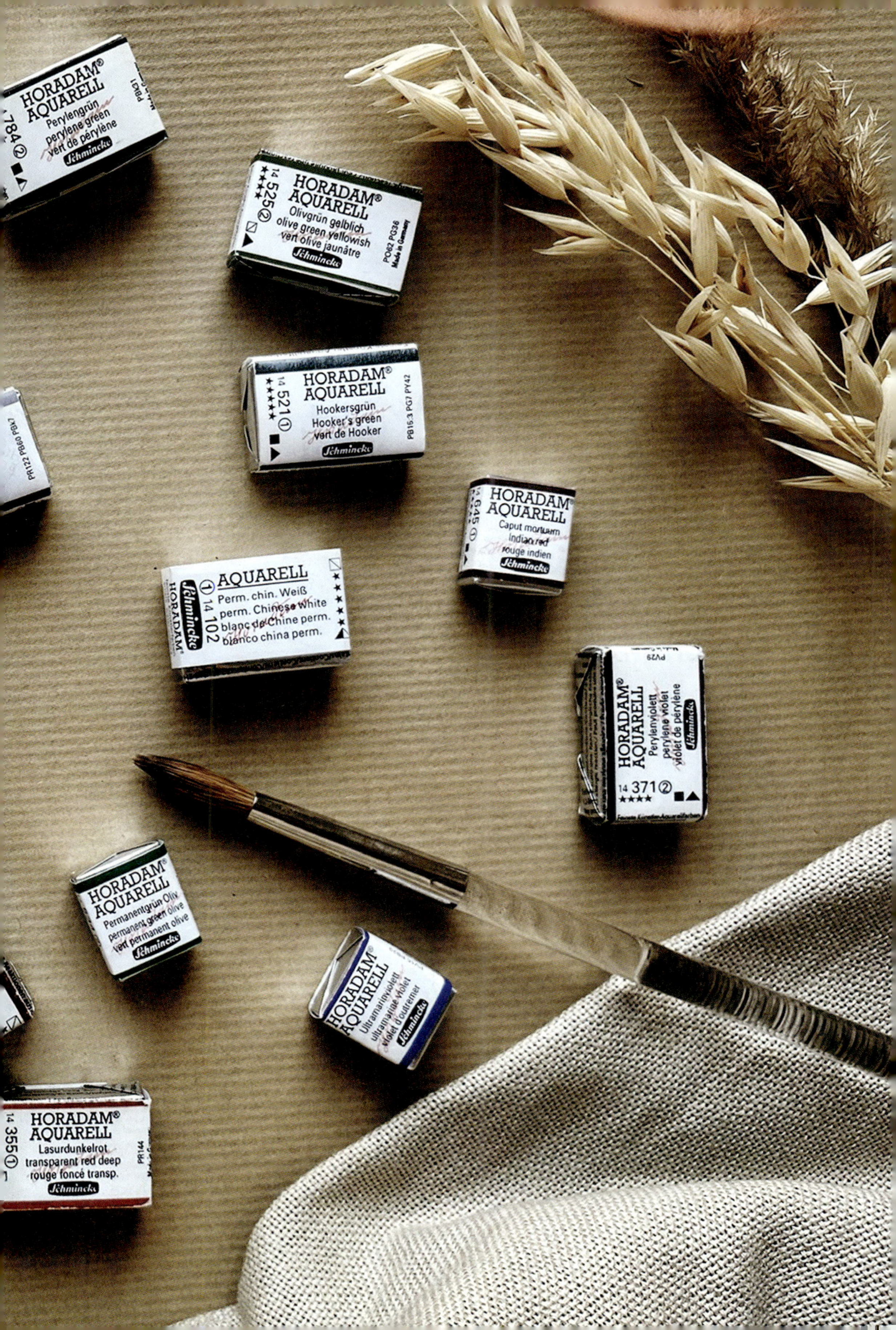
HORADAM® AQUARELL
Perylengrün
perylene green
vert de pérylène
Schmincke
HORADAM® AQUARELL
14 525 ②
Olivgrün gelblich
olive green yellowish
vert olive jaunâtre
Schmincke
PO62 PG36
Made in Germany
HORADAM® AQUARELL
14 521 ①
Hookersgrün
Hooker's green
vert de Hooker
Schmincke
PB15:3 PG7 PY42
HORADAM AQUARELL
Caput mortuum
Indian red
rouge indien
Schmincke
AQUARELL
① 14 102
Perm. chin. Weiß
perm. Chinese white
blanc de Chine perm.
bianco china perm.
Schmincke
HORADAM
HORADAM® AQUARELL
Perylenviolett
perylene violet
violet de pérylène
Schmincke
PV29
14 371 ②
HORADAM® AQUARELL
Permanentgrün Oliv
permanent green olive
vert permanent olive
Schmincke
HORADAM® AQUARELL
Ultramarinviolett
ultramarine violet
violet d'outremer
Schmincke
HORADAM® AQUARELL
14 355 ①
Lasurdunkelrot
transparent red deep
rouge foncé transp.
Schmincke
PR144

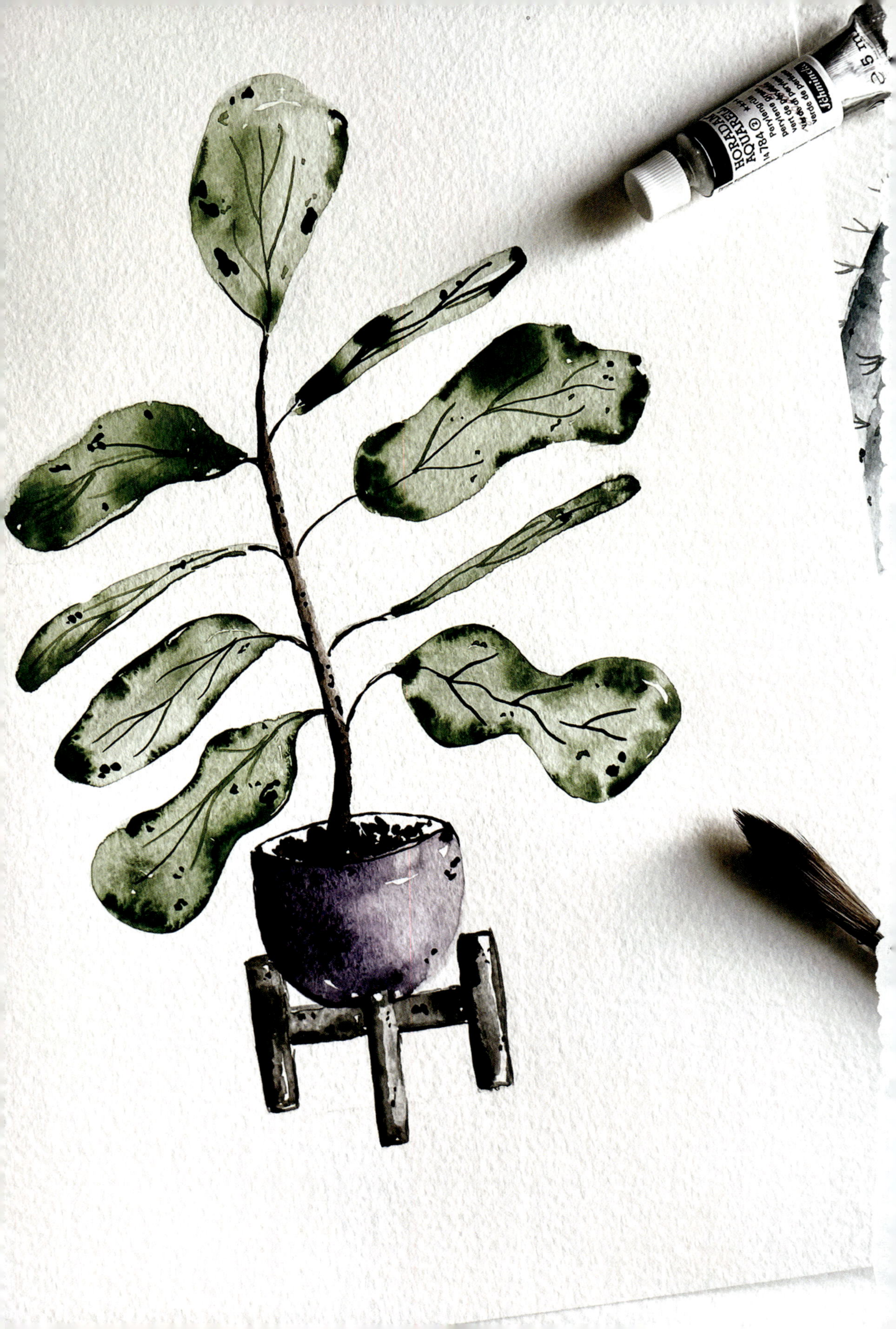

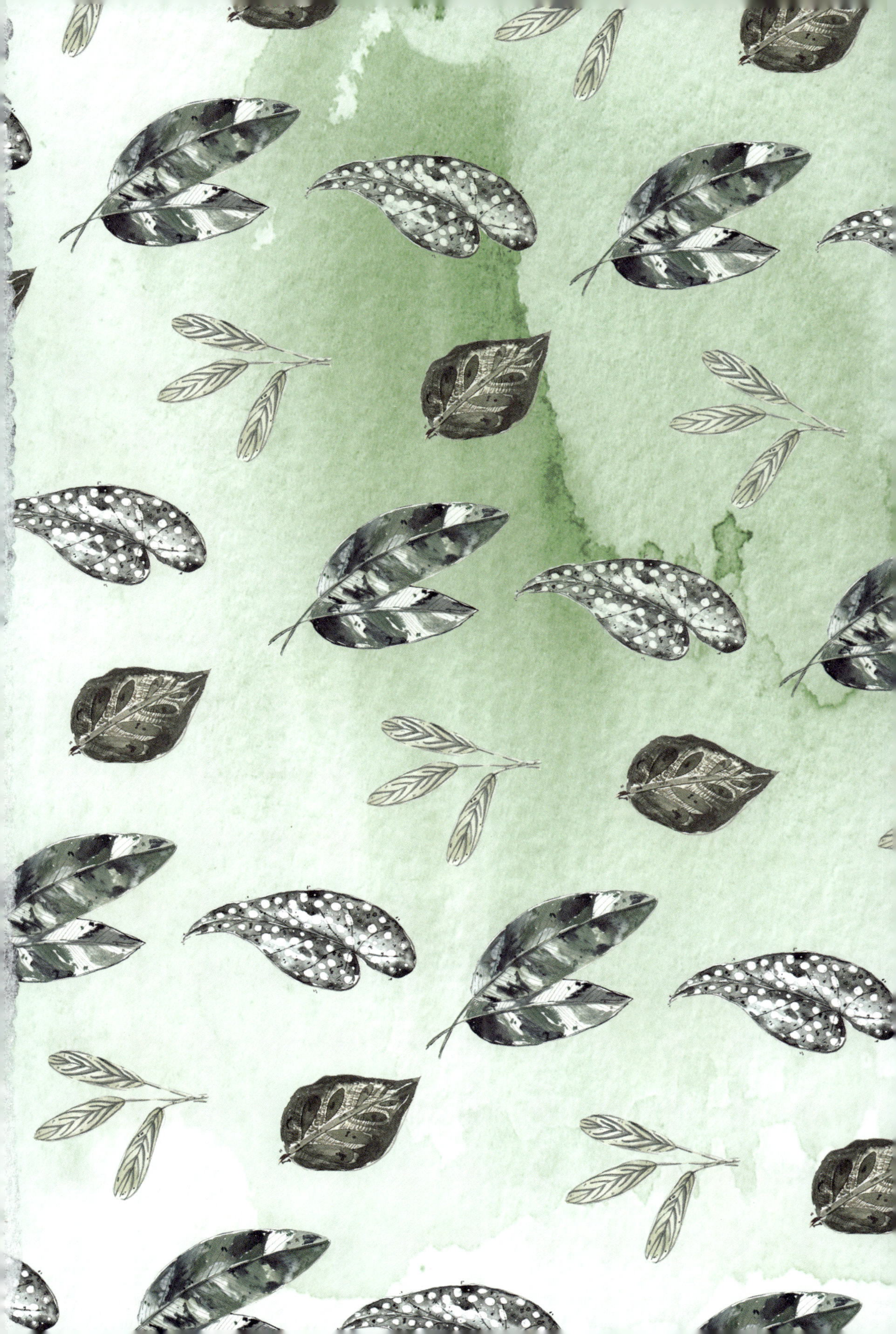

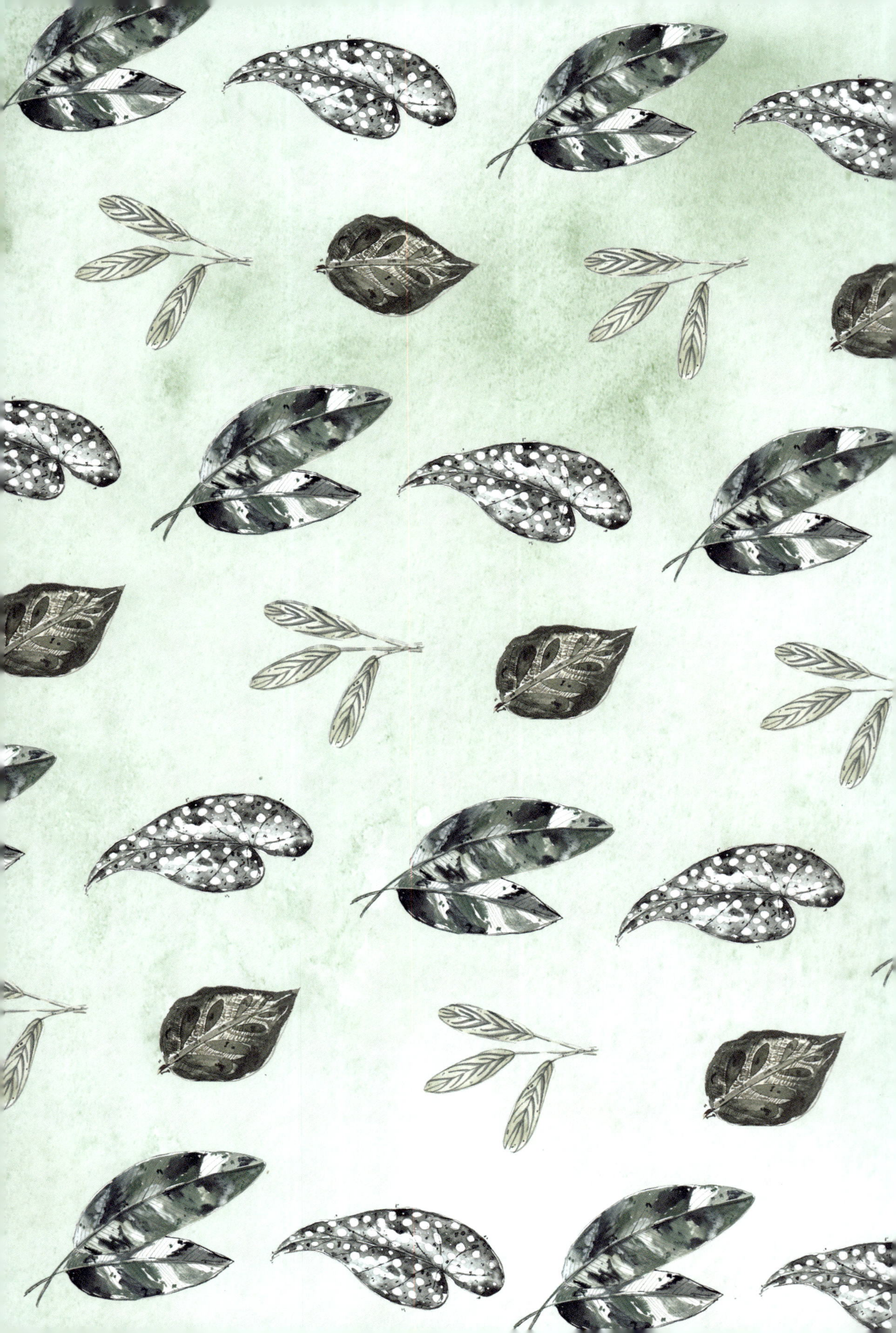